通往幸福的哲學

漫步黃｜著

目錄

前言

什麼是幸福?怎樣去追求幸福?如果幸福是擁有更多的財富,一旦財富縮減以後就會感到痛苦。如果幸福是健康的身體,當身體衰退以後就會感到沮喪。如果幸福是獲得更多的關注與影響力,能夠光芒四射,某一天失去關注以後就可能陷入黑暗的深淵。如果什麼都不追求,卻會變成魚乾一樣,生命中的經歷與體驗就會成了毫無波瀾的一條橫線,徹底喪失了生命力。

如果人生中遇到各種的高低起落就像一條波浪型的曲線,通往幸福的哲學就是思考如何讓整條曲線往上抬升,並把痛苦與下沉的部分收斂的智慧。要向上抬升,就要增加生活中幸福的元素,提升幸福感知的能力。要減低下沉時的沖擊,就要增加生命中抵禦逆境的能力,面對不受自己控制的外在因素變化能更好地適應,不被心中執念與枷鎖產生二次傷害。如能理解其中緣由並加以善用,就像以智慧之石擊往煩惱與痛苦的聚積之中,令自己的身心得到解脫與愉悅,更好的感知到持久性的幸福。

人都是被動的來到這個世界,往往不明所以的活著,然後活著活著就老了，最後不明所以的就離開了。在這不明所以的世界之中，數千年來不同的哲學思考者留下了一些智慧，能改變無明的人生，可能會變得更幸福，更快樂，更能適應變化無常與充滿焦慮不安的社會環境，你會想去了解一下嗎？

幸福的思想寶藏，已經來到了你的跟前。各種通往幸福的想法，就像一個投放在時間長河中的漂流瓶，眼前這漂流瓶的蓋子已經鬆開，拾起它，並不需花太多時間，也沒有什麼損失，爲什麼不去打開來看看？也許對有緣之人而言，會找到一個無價的思想寶藏！

哲學的原著有關幸福的討論往往零碎艱深，不易被大眾吸收，這本書的價值就在提煉當中的核心思想，系統的梳理各種思想脈絡，讓讀者能受益於深藏在其中的智慧。要嘗試解答「什麼是幸福」這個問題，你先要想想什麼是你的個人終極追求？幸福沒有絕對的定義，而是由不同個體各自思索理解，所以個人對幸福的認知受成長環境及社會觀念的影響很大。幸福的反面是不幸，不幸比較好理解，不同社會對不幸有一定的普遍性認知，比如遭遇病痛、極端貧窮、被奴役或喪失自由、陷入恐懼與焦慮、抑鬱痛苦等都是不幸的來源。能夠遠離不幸，就能靠近幸福，問題是，稍有認知力的人都了解到生命有限，健康隨年齡衰退無可避免會老化生病，財富累積也可以在社會經濟變化下化爲烏有。個人窮一生精力去遠離社會認知上的不幸，也只能處理力所能及的部分，但對衰老與個體消亡等不可抗力的不幸因素卻是無能爲力。單純躲避不幸的幸福其實是建立於外在不確定的因素之下，換言之，一旦外在的因素變化了，個人仍會陷於不幸之中。

古今東西方的衆多哲學家們，在不同的時空都有思考如何獲得堅實幸福的方法，這是一個哲學的永恆命題。各人雖有不同的人生主張，但大抵最終的目標都是爲了達到幸福與有意義的狀態。如果細心的去理解，幸福的主要路徑其實也只有三個大方向。

（一）往內在追求幸福：講求的是修心，控制慾望，不爲外在事物影響，安放內心的焦慮與恐懼，盡力保持恆定的內在心境。主要代表人物有佛陀，還有主張順應自然，自由自在就是幸福的莊子。

（二）往外在追求幸福：達到物質及肉體的平衡與愉快。代表人物有主張快樂即是最大之善的伊比鳩魯，以及主張獲得越多快樂功用就越好的邊沁。

（三）追求律己修身：達成某種處世與個人行事的標準，重視現世的實踐，不走向極端，主張多承擔個人與社會責任，以達至君子之樂。代表的有孔子、斯噶多學派的馬可．奧理略。

這三大方向其實沒有矛盾，只是有不同的側重點，指出的路徑都能幫助不同的人去靠近幸福。至於這些路徑是否有助於你去找出幸福的路徑，就要看你最終實踐的結果。單純思考這些幸福的哲學，已經能帶給許多人巨大的益處，在困難及痛苦中點起心中的亮光，照亮最黑暗的晚上。

享樂與快樂只是影響個人幸福的部分元素，過上有智慧的平淡生活，甚而負重前行的人一樣是在靠近幸福。如果認爲人生的意義是承先啟後，他心底中最大的幸福來源是達成人生的意義，那些每天爲家庭與社會勞心勞力的人，負重前行的人，雖然生活中承受了不少苦，連自己也不明白爲什麼就好像心甘情願的承擔這一切，因爲不知不覺之中，其實也是在踏上通往幸福之路。幸福不是一個單純以結果去計量的狀態，而是付出的行爲本身，已經能讓你靠近幸福。除了個人考慮，我們亦要了解到社會的變化與個人幸福也有相當的影響，個人與社會的互動也會很大程度影響到我們的幸福感知。

幸福不是人生的必然追求，戰亂及天災人禍會在一定時期極大程度影響整體社會的幸福感知，當活下去成了非常艱難的事時，幸福的思考就會變得無關緊要。但歷史上無論多大的苦難與動盪，總會有返回常態的一天，生活過得幸福，始終是千家萬戶的追求和嚮往。

從個人層面而言，無論你達成了多大的成就，完成了多偉大的事業，當高光時刻過去後，日常的生活仍然得繼續。把餘生都用在緬懷過去的光輝，還是踏上另一條新路徑繼續去靠近幸福，這兩種選擇，會完全改變你的人生面貌。

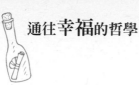

書中加入了不同哲學家的背景故事，令你能更了解爲什麼不同的社會文化背景，會產生出某一種思想。你會了解到很多思想並不是無中生有的，這亦會增加許多閱讀的樂趣。作爲一位哲學思考者，我也會提出一些自己有關於幸福的想法供讀者參考。你有沒有想過，爲什麼這些漂流瓶在時間的長河中經常被埋在沙泥之中，無法持續地閃閃發亮？時代總是不斷在變化，思想需要眞實世界的土壤，以及個人及社會的生命力去承載。

歷史上，社會經常物質匱乏到連生存也成了問題，當生存成了人生唯一優先考慮，是否幸福自然已經不再重要。相反地，在物質豐富物慾橫流的時代，主流人群的自我價值往往以攀比物質的多少爲量度之尺，物質生活水準低落的人群只會集中精力思考如何在物質水平迎頭趕上，在親友間爭一口氣，純粹修心的人很容易被社會標籤成弱者，被認爲是不能適應社會的退縮者。也有些時代會因爲社會動盪劇變，令修身變得難以實踐。當個人已經不能掌控自己的命運，連想靜處的機會也沒有，在只剩下群體沒有個體的年代，想明哲保身都異常困難，個人修身只是一種奢侈的想法。

眞正的哲學思考者從來不會強迫他人認同其觀點，或指出什麼是唯一的眞理與答案，甚而攻擊一切與自己不符的思想以顯示自己的正確性。而是經過思考、驗證與討論，得出一些可以被推翻的假設性想法，這才是哲學求眞的精神所在。了解其中差異，高下立見。

這本書不是爲了定義幸福，而是讓讀者更了解前人對各種幸福的討論與思想後，繼而自由深入探討這些思想中的各種理念，找出適合自己的幸福路徑。通往幸福之路其實有很多路徑，眞實的人生不斷的在進行，生活每天都在繼續，沒有一個所謂幸福的終點，不同的路徑都可以靠近幸福，而學會如何靠近幸福已經是思考的眞正目的。無論時代如何變化，只要思想的種子仍在，當適合的土壤再次出現，漂流瓶中載有的幸福思想種子就會再次在不同人的生命中發光發亮。願讀者們都能踏上各自通往幸福的路徑，一步又一步的靠近幸福！

往內在追求的幸福

——精神層面的追求

莊子——自然之樂，逍遙人間

莊子原名莊周，生於西元前三六九年戰國時代初期的宋國，與孟子大致同時代。莊子思想承自老子的道家思想，也認同「道」是天地萬物的運行規律，但莊子的思想並非與老子完全相同，思考中省卻權術陰陽變化等，把道的思想主要應用於個人生活與幸福追尋之中。

莊子只擔任過管理漆園的官吏這一小職位，離職後以編織草鞋維生，平日居住在陋巷之中，生活比較拮据。雖然當時曾被楚王派人邀請擔任國相的官職，但卻被莊子婉拒。楚國的官員去拜訪莊子時，正好遇上莊子在持桿釣魚。莊子對他們說了一個故事，說在楚國的田裡有一隻烏龜，這烏龜平時生活雖然艱辛，要在污泥濁水中辛苦地奔波覓食，可是有一天楚王想把牠請到了王宮之中，給牠好食好住，不過到了需要祭祀的時候就會把牠給殺了，然後裝在精美的盒子放在祭壇上。莊子反問，如果你是那只烏龜，你願意在楚國的祭壇上呢？還是自由自在的在污泥濁水中繼續生活呢？楚國的使者一聽只好打退堂鼓了。

莊子一生清貧，不像當時的各派思想大家能夠過上體面的日子。有一次他去見魏王，莊子當時穿了一件打了許多補丁的麻布衣服，只有一雙要用繩子捆在腳上的破鞋子，實在是窮到了一定的程度。還有一次莊子家中快無米下鍋，想找認識的人去借糧，不但未能借到，還被人羞辱一番。可是生活上如此困頓的莊子，卻有自己的獨立思想，過著擁有喜悅與幸福的精神生活。

關於幸福，莊子有自己獨特的看法。他認爲獲得幸福有不同的等級，我們按自然本性去自由的生活，可以獲得一種相對次等的幸福。莊子認爲順乎天性是幸福和善的根源，萬物的自然本性沒有絕對的同與不同。比如有一次莊子與朋友惠施出遊時，見到河中的魚在自由的出游，認爲魚是順應其本性在活動，莊子就知道魚是快樂的。只要個體的自然本性充分而自由地發展，這時候就是幸福的個體。可是人性的發揮在一些情況下會受到阻礙，比如疾病與衰老，因此這種幸福是一種有限制的幸福。而更高一層的幸福，需要通過對事物的自然本性再高一層的理解才可以獲得。

高層次的幸福

莊子認爲要達至更高層次的幸福，需要做到「至人無己，神人無功，聖人無名」的狀態。這才是絕對幸福的狀態，因爲達至這種境界就能超越對事物認知上的區別。至人無己卽是超越了我與非我的區別，處於無我的狀態，與天地之道合爲一體。也因爲天地之間的道無爲而無不爲，既然道是無爲，所以亦無功。當聖人與道合一，自然也是無功無名的。這中間的哲理有點不易理解，其核心在於無我，既然我已經與天地萬物化爲一體，我卽化爲道，道亦是我，在此「無」的基礎上，不再受事物阻礙及約束，能逍遙於天地之間，不受困於功名。如果細心一想，這與後世的禪宗思想有一定的相似性，道家思想對漢傳禪宗有相當的影響。要更立體的去了解莊子的思想，我們要去了解一下相關的寓言故事。

逍遙遊

莊子在〈逍遙遊〉的寓言中說，北海有一條身體有幾千里那麼大的鯤魚，有一天忽然長了翅膀變成了一隻大鳥，單是鳥背的長度就有幾千里之廣，張開翅膀就能激起三千里的浪花，飛上了九萬里的高空。可是這時候小麻雀卻譏笑大鳥爲什麼要花那麼大的力氣飛那麼高？小麻雀說自己想飛的時候才飛，有時候想飛就往樹上去，有時候不想到樹上了，那我就輕易的回到地上。我這樣自由自在的生活也是在飛翔，爲什麼要像你飛得那麼累？透過這一寓言我們可以很好地詮釋了莊子對自由的追求，亦會明白爲什麼他會婉拒到楚國當國相。因爲他的人生，不是追求榮華富貴，或是被萬人所敬仰，而是當一個自由自在幸福的人，享受平淡而快樂的生活。

除了虛擬的寓言世界，莊子在現實中亦喜愛到處遊走，並以此體悟、思考人生。旅遊除了能令自己增廣見聞感到快樂外，也能藉旅遊期間遇到的各種外間變化來刺激、影響自己的思想。到處逍遙遊走本身就沒有固定在某一地方，固守某一種思想，能以開放的心去打量這個世界，去體現精神境界的自由。莊子認爲，人應該以無待之心去靈活選擇最適合自己的處世方式，能夠無所偏執，不局限於對事物單一的認知，沒有大與小對立的觀念，不需要外物去建立我的認知，不執著於事實與功名，視萬物皆爲自然整體的一部分，便可使精神自由，處於逍遙的境界。

自我意識

莊子認爲自我意識是幸福的阻礙，因爲有了自我就會區分出一個非我的外在世界。莊周有一次在夢中幻化爲蝴蝶，在天地間遨遊，逍遙自在非常愉悅，不知誰人是莊周。忽然醒來，發覺自己仍是莊周。不知道是莊周在夢中化爲蝴蝶，還是蝴蝶在夢中化爲莊周？莊周是人，還是物，兩者是否一定有所分別，還是人與物皆是一體？

當我們對自我與外在世界的事物作出明確的區分，就會去逐一判斷不同事物的價值。比如認知到一塊黃金是有價值的，而眼前的花草與自然事物與是沒什麼交易價值的，我們就會勞碌一生去追逐最多的黃金。在現實生活中甚至就可能演變成以自身資產總值或每月收入多少去衡量自己以至他人的價值。你可能會無止盡的去追求金錢，甚至不擇手段地以極高風險的方法去賺錢。個人亦會更容易在金錢得失之間覺得挫折與沮喪，更甚者你會以金錢財富作爲唯一標準去看別人，看不起收入與資產較少的人。只要賺得愈多，不論以何等手段與風險代價去獲得，都認爲是高人一等。

絕對的金錢與資源比較，是簡單直接去量度個人成就的方式，若身處一個喜歡把各人按物化標準去量度價值，再以此去進行排序的社會，個人就很容易迷失於追逐財富的陷阱，而最終失去自我的本性。其實只要看看歷史，就會理解到，不論古今中外，財富根本不能在社會變化下長期傳承，只要社會的財富與收入嚴重失衡，最終都會引發社會性的財富再分配活動，集中的財富最終又會再次循環分配到大衆的手中，其實個人財富與社會財富之間並不是完全獨立分割的，而是個人財富也是承載在社會整體的基礎之上。

莊子發現，當「自我」這個意識與外在的事物相交後，就可能會使我們虛耗有限的生命去進行無盡的物質追逐，最終在追逐的過程中損害了自我。因此若希望保存自我，應該忘掉自我的存在，昇華至物我如一的境界，不要忘掉自己也是社會與世界整體的一部分。

放棄自我的執念

人生之中獲得各種學歷地位以後，很容易就會對自我有各種認識與限制，比如我擁有這學歷就必須要找到相關體面的工作，而不再接受那些與我身分不相符的工作。又比如，認爲我比別人優秀，就必須要有更多的資源，過更體面的日子，情願超前消費甚至不惜大量累積債務，也不要輸給別人。房子不只是要舒適，還要看夠不夠大，區位與裝修夠不夠頂尖，旅行地景點與酒店級數是否足以作爲炫耀的資本。子女的學校是否爲名校，排名是否靠前，名氣夠不夠威風，而不是考慮這所學校是否合適，子女能否有良好的成長與發展。煩惱的根源在我們自我認爲這些條件是我所必需達到或擁有的，而不考慮其他可能性，就會因物我不相符而感到痛苦。

莊子主張的無己，其實是要我們放棄自我的執念，能夠過上充滿彈性的生活，自由地遊走於天地之間與適應生活中各種變化的可能性。這種靠近幸福的智慧，並不需要大量物質去支持，反而是往內心深處去尋求解脫，把自己從自我必須如是的籠牢中解放出來，實爲一寶貴的大智慧。

當你放下這個自我，也同時能放下這個自我必須要達成什麼，獲得什麼的焦慮。你有沒有聽過很多人生中必定要做的事？比如一生必到的多少個景點，幾多歲之前必要做成的事等？到某地旅遊，若沒有到過什麼餐廳吃了什麼食物就等於沒有到過某地？沒經過檢視的人生不值得過，那麼以往的人生等於白活了嗎？這些說法都會引起被否定的焦慮，對生活的樂趣與幸福感產生負面的影響。本來好端端的享受假期變成了必須要到某地點打卡拍照，以證明自己完成了別人定下到此一遊的標準，才不用擔心旅程會不會被否定，其實這會大大影響旅行的暢快感覺。旅行的目的變成了獲得更多的贊賞與認同，而不是享受旅程的本身。

很多人的一生中不斷花上了大量時間與心力去證明自己，比如拼命去工作，拼命去賺錢，拼命去換大房子，追逐新款名牌產品與名車。以外在的物質生活水準去證明自己是成功者，至少證明自己沒有落後於人。即使物質條件有限的人，有些人也會選擇拼命去窮遊，拼命去以各種方式與媒體去引起關注，又或者拼命在虛擬的遊戲世界中獲得認同，其動機跟炫富行爲也是相似的，只是在資源受限下就以一些行動與遊歷去證明自己能做到某種與衆不同之處。

以外在的事物或經歷去證明自己，是許多人內心中的深層追求。這種證明的背後，是內心的不自由與焦慮，這種不自由，正是莊子認爲最需要擺脫的執念，否則就達不到身心自由的狀態。

其實更多時候，人耗盡一生心力去建立的關注與名譽，本質上跟在海邊沙灘上挖了個洞或堆起了一個小沙堡差不多。看上去像做成了些什麼，漲潮時一個大浪淹沒後就什麼都不見了。身處再高級的職位，還不是會人走茶涼。光芒萬丈的行業明星，還不是江山自有才人出，一代新人勝舊人。雖然工作未必是趣味所在，多數人總需要爲了獲取必要的資源而工作，但我們不需要爲了證明自己而生活，或把生活的幸福與外在的成就做過度的捆縛，因爲擔心別人對我的印象與觀感而焦慮，會迷失心中靠近幸福的方向。

世俗設定的所謂「人生目標」，其實往往成了人生中的枷鎖。任何時代中，總有一些人資源充裕，有一些人每天爲了生存與生活而苦苦掙扎。如果花光力氣後仍達不到世俗目標，每天自怨自艾，日常生活都提不起勁，不是很糟糕嗎？那些如日中天的明星，那些吸引無數目光的自媒體，那些星級的名廚，你看到的是他們頭上頂著的光環，卻了解不到他們背負著失去光環與認同的焦慮與痛苦。你有沒有想過，部分人在光環背後的內心可能比普通人更煎熬更痛苦，沒有強大而自由的內心，很難承受如此巨大的壓力，也是爲何他們更易出現各種抑鬱甚至自我傷害的原因。學會接受自己眞實的人生，解脫自我認同的必要性焦慮，不再擔憂被外間否定，才可以自在的過人生。

莊子之生死觀

莊子的好朋友惠施在莊子的妻子去世後去其家中弔喪，卻發現莊子竟然在擊盆唱歌。惠施認爲這是不合乎人性的行爲。他當場質問莊子說其妻子與他終生相伴，替其養育子女，如今離開了不但沒有傷心難過，竟然還在敲盆唱歌，眞是太過分了！莊子卻回答說，自己的老婆剛離開人世的時候，自己也是非常痛苦難過的。但是後來察覺到她的本源就是沒有生命、沒有形體，也沒有生命精氣的狀態。只是在混沌的世間之中，透過各種變化而獲得生命氣息，當這氣息與形體結合後生命便出現了。現在再次因爲變化而離開了世間，這跟大自然四季運行的規律是一樣的。明瞭這一道理後就停止傷感了。

道家思想中認爲雖然人無法確實知道自己的壽命上限是多少，但個人需要盡力好好養護生命主體。並不是追求長生不死，而是避免活不到生命本身應有的年限。而對於生命無可避免的結束，則認爲是自然而然的變化而坦然接受。莊子從自然規律去了解生命的本質，生命自然地始於變化而出現，也自然地因變化而離開，這是無法改變的自然規律。

不少人因爲認知到生命無可避免的有一個終點後，可能會覺得人生荒謬與虛幻，而感到痛苦與恐懼。如果需要永恆存在才能解除此等痛苦，這念頭就會在心底之中形成枷鎖，無論你遇到什麼好事，眼前有什麼美食與美景都會索然無味。你苦苦逼迫自己的內心往無解的死胡同走，這有什麼價值？

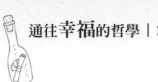

除了會增加痛苦與煩惱，不斷關注生死題目，什麼都沒有改善，更會損耗寶貴的時間，無法釋放自己去做更有意義的事情，白白把時間浪費在無解的焦慮之中。認知死亡的眞正價値，在於教會我們如何好好的去活著，更好的善用生命中寶貴的時間。選擇坦然接受的態度，有助降低不必要且對人生無所助益的生死焦慮，從不安中解脫出來，在有限的生命中獲得免於恐懼的自由。

人生其實只有一個終點，這個終點會把你一生的一切外部積累淸零。還有誰會理會你有沒到過什麼一生必到的景點打卡？還有誰會常常懷念那個你費盡所有力氣堆起來但已經消失不見的沙堡？達不到目標有什麼好焦慮？

眞正重要的是你如何有感知地去過這一生，有沒有與他人結緣產生各種連結與聯繫，那些一步又一步走下去的經歷，就是眞正的意義所在。即使沒有什麼巨大成就，也沒有累積到什麼財富與名聲，只要努力地活過，享受到自由自在的愉悅，這就足夠了。

物質上的限制

精神層面相對自由的莊子，生活中的物質一直比較困乏，有一次家中已經沒有足夠的糧食，想去向認識的一位監河侯（治理河道水利的官職）的友人去借糧。監河侯對莊子說，這沒問題，人民的租稅快要上繳了，那時候，我就借你三百金，可不可以呢？莊子忿然說道，我剛才在途中碰到一把呼叫我的聲音，看了看四周發現了在車轍的積水裡有一條鯽魚在呼叫我。我就問鯽魚呀，你在那積水裡做什麼？鯽魚卻說自己是東海的大臣，勞煩你弄來斗升之水，可以嗎？莊子對鯽魚說，這還不簡單，我正好要前往南方吳越之王那邊去遊說，到時就可以引來西江之水來迎候你，這還不可以嗎？那鯽魚聽了非常生氣連臉色都變了，我失去了賴以生存的環境，無法自處，難以生存下去，而我現在只要一點點的水，就可以脫離困境生存下去，你居然說這種風涼話，還說這是在幫我，不如到時去賣乾魚的攤檔找我去吧！

從莊子這個故事中，我們可以了解到，遊走於天地的大智慧，雖然不需要太多的物質，卻不能完全沒有了物質的承載。否則，即便睿智如莊子者，也無法確保自己會否先成了魚乾，那就無法再逍遙在世間了。

自然與天地不仁的思考

莊子的思想，其中一個核心就是「自然是一切萬物之道」，這是源自於老子的道家思想。《老子》中提到「天地不仁」這個重要的觀點，天地不仁意指掌管宇宙萬物運行的道似乎並沒有感情，對任何人也沒有特別的偏愛。雖然多數人總是覺得天地之間有因果關係，但我們認眞的觀察這個世界，行善的人似乎都不一定有好的果實，而爲惡的人似乎也不一定有懲罰。

我們面對各種難以掌握的因果關係變化，很容易迷失自我。這也是爲什麼我們在天地不仁的世界中要找到處世的平衡。天地雖然沒有感情，但是人間有情。我們沒有方法與自然的道對抗，明天早上太陽仍是照常升起，潮水還是一樣潮起潮落，時間還是一樣無聲的流過，身體經歷著成長與衰老。這就是世間的道，無論你是誰也改變不了。

處於眞實世界，有時種了善的因，也可以產生惡的果。比如對孩子的愛，一旦到了溺愛的程度，就會由善的因種出惡的果。爲子孫後代作出過多的庇蔭，提供他們享之不盡的財富，卻間接使子孫喪失奮鬥能力，甚至找不到人生努力的意義而陷入抑鬱。養育孩子不單需要物質，也需要愛與陪伴，亦需要一定的指引與教導，沒有建立起駕馭物質的能力，擁有過多的資源就很容易被物質反噬。這亦是爲何《老子》中提到福兮禍所依，禍兮福所伏的道理。

觀察一下大自然的規律，自然無聲地運行。春天的時候遍地花開，秋天的時候遍地金黃。你到那樹林看看，那些被陽光照亮了的葉子，發出透亮的綠光。那些被風吹過的葉子，順著風的方向產生碰撞，發出沙沙的聲響。天上的月亮，總是掛在那裡，每月陰晴圓缺的變化，總是告訴人們世事總是在循環不息。人生很自然的有高有低，有快樂與傷感，有順景與逆境。你眼前的大自然，不會介意你的得失，不會理會你的高低。只要你願意去接近他，打開心中欣賞自然美的眼睛，大自然就會去親近你。

與自然建立的互動，是如此的牢不可破，因爲自然總是在那裡，只在乎你有沒有看到。你有沒有試過坐在海邊看浪花，潮汐的力量總是不斷在作用，海水從不放棄似的拍打著岸邊的石頭，在一進一退之間，想想人生，誰不是潮起潮落，沒有什麼是過不去的。放下不等於是放棄，而是爲了得到自在與從容，走更遠的路。漫步到山林之中，聆聽那小溪潺潺的流水聲，欣賞水面上小生物泛起的小漣漪，看到那岸邊的小草搖曳生姿就像點頭歡迎，緘緊的心很自然地可以得到舒展，放下對個人成就或目標的過度關注。能否覺知生命的愉悅與財富無絕對關係，也與你的地位與處境無絕對關係，關鍵其實在於你的心態。

如果你願意承受更大的壓力，接受更大的負荷，應對生命中各種負面事件的衝擊更有認識。你應該盡早建立更多每天能感受到的幸福元素，學會觀察及欣賞自然的事物，認識世間不變的自然法則。好好的管理自己的時間。每天建立一個屬於你個人的休閒清空時間，不受別人影響，不受貧窮與富裕影響。不因成功或失敗而改變。正如日出有時，日落有時。這種自建的內在規律，可以助你應對各種外在的變化。

世間有其運轉的自然法則，我們即使花光力氣也無力對抗，了解自然，然後接受自然。擁有最基本的物質，滿足最基本的慾望，也是自然的需求。作爲一個有自由意志的人，如能大致做到不被俗事所困擾，能從容接受自然法則產生的變化，尋找機會去發揮自己的能力，建立起可互相依靠的感情與緣分，過上自在、滿足與幸福的人生，夫復何求？

悉達多（佛陀）——離苦得樂

喬達摩．悉達多（Gautama Siddhārtha）是大衆所認識的佛陀本名，喬達摩是釋迦族的姓，悉達多這名字有一切道理皆成就的意思。被稱爲佛陀是後世對他成爲覺悟者的尊稱。悉達多也常被稱爲釋迦牟尼，這稱呼是釋迦族之聖者的意思。他的思想奠基了後世的佛教，但我們必須要淸楚他的思想本源並不是爲了設立一個新宗教，而是爲了成爲覺悟者，助自己與世間的衆生獲得智慧去解除苦厄，我們可以理解他是一位擁有大智慧的哲學思想者。

悉達多的出生年分衆說紛紜，大約在西元前六世紀與春秋孔子活躍的年代接近，出生於迦毗羅衛國的一個王室家庭，迦毗羅衛國位於喜瑪拉雅山腳，卽現今尼泊爾南部靠近印度地區。父親是管治該地的貴族國王淨飯王，他被期待成爲王位的接班人。悉達多的母親在他出生後七天離開了人世，幼年時代由姨母用心悉心照顧，這位姨母亦在日後成了佛陀僧團中的第一位比丘尼。他的成長環境有優越的生活條件，宮殿共有三座，以配合春天、夏天及雨季等不同的天氣，衣食無憂，生活優越。

悉達多按當地的習俗於成年後娶妃並生下兒子羅睺羅，後來在數次離開宮殿走入民間散心之時，在不同的四座城門下目睹了生、老、病、死的四個情景，產生了人生得蒙受各種痛苦的煩惱。他受此困惑，爲了精神上獲得解脫之道終於捨棄繼承王位，於二十九歲時選擇離開家庭去修行。他最先到了象頭山的苦行林，那裡的沙門修行者以種種苦行折磨肉體，以求得精神的解脫。但他嘗試後認爲這種方式並不能解除痛苦，選擇離開並南渡恒河，到達當時摩揭陀國的首都王舍城。他曾跟婆羅門教數論派學習，亦跟從婆羅門教瑜伽派學習禪定工夫，然而他並未因此直接獲得人生解脫之道。

他意識到單純的苦行並無法達到解脫，他決定拋棄極端的苦行修道方式，採取不放縱又不苦行的生活。來到菩提伽耶一棵菩提樹下靜思冥索，最後思索到了解脫痛苦之大智慧，於三十五歲成爲了擁有大智慧的覺悟者。之後的數十年間佛陀在印度東西各地遊走教化，在富人迦蘭陀送贈的竹園中建立第一個僧衆聚居地竹林精舍，後來在當時的大商人給孤獨的資助下買下了規模更大的祇園精舍，贈給釋迦牟尼作爲僧團的另一聚居地。兒子羅睺羅長大後亦加入了他的僧團，成了十大弟子之一，及至佛陀晚年大約有五百名弟子，直至八十歲圓寂。佛陀在世時並沒有把自己的思想直接著成經書，最早的佛經《阿含經》是在佛滅後不久由其五百弟子結集所撰寫，主要記錄佛陀的言行教化以及與弟子的互動等，這部佛經是了解佛陀原本思想的重要參考文獻。

想要更好地去了解佛陀的思想，也需要多了解當時印度地區的歷史及思想背景。古印度早已有先民在當地活動，大約於西元前三、四千年之間活躍於中亞的印歐先民開始向東西兩大方向遷移，向西面的先民成了許多現代歐洲人的祖先，這些祖先以自然崇拜的信仰爲主。而約於西元前一千至二千年間，部分稱爲雅利安人（意卽高貴的人）的印歐民族先民入侵了印度北部在古印度時代已有文明存在的地區，並且不斷在擴張，漸漸以恆河附近地區為中心，建立起由自然崇拜與社會階級制度演化的婆羅門教，以有效管治這些廣大的區域，產生了一直影響至今的四大種姓階級制度。婆羅門是最高的種姓，是婆羅門教的傳教士階層。刹帝利是統治階層，一般平民是吠舍階級，而被征服的原住民奴隸則是首陀羅階級。

事實上獲得婆羅門與刹帝利種姓的基本都是雅利安人，以建立明確的上層階級，不同種姓是不能通婚的。而佛陀本身是屬於統治階層刹帝利種姓，從小接觸的思想中會有許多印度教的背景。輪迴轉世的思想在印度中早已流行，婆羅門教的教義認為，婆羅門、刹帝利、吠舍這三個階級因為信仰婆羅門教，死後可以再次獲得新的生命。而首陀羅因為沒有權利信仰婆羅門教，死後就不能獲得新的生命。

婆羅門教是一個多神教，認為人死後可能在眾生之中繼續輪迴，也可能進入沒有輪迴的大梵世界。「梵」這一詞有變大與增強的意思，也可理解為宇宙最高的原理或宇宙之主體的意思，能夠達到梵我合一是一種人生的最高境界。達到大梵境界的個體，就是達到內心最深處的自我全然清淨狀態。

古印度的《奧義書》中指出，有形的梵是有生有滅的，無形的梵是內在存著生命氣息的自我，亦有著「不生不滅的彼岸」之意。決定人死後是否輪迴或進入大梵境界的關鍵因素是生前所作的業。相對而言，佛陀主張無我，反對眾生執著於恒常不變的自我，反對這種梵我的說法。

婆羅門教的數論派則主張物質是無常的，不斷改變的，而心靈則爲不朽的，心靈應該不受苦樂或情感的影響。此派強調理性及覺的重要性，世人不斷受顏色、聲音、香味、味覺、觸覺影響。世間一切煩惱與痛苦的根源，是因爲不知分辨心靈與物質。所以破除心與物二者相聯的關係，就可以立刻得到解脫。當人死後肉體雖不存在，但得到解脫者的心靈乃會繼續存在，即心靈與能物質可以永遠分離。

婆羅門教瑜伽派則強調心的重要性，認爲把身心相應的寂靜狀態作爲人生的一種最高境界，心是影響人生覺知的主體，而把達到這種最高境界的方式稱作瑜伽，禪定、冥想等都是達成這種寂靜狀態的方法，主張以調息、制感、靜慮等方法去修行。

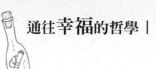

沙門與苦行修道

苦行修道的方式則源於古印度時代的沙門，沙門指的是苦行的修道者，因爲婆羅門教過度世俗化後，部分人對上層階級把持宗教以獲得特權與利益，比如強行取走信徒的耕牛作爲奉獻，對下級種姓的人進行壓迫，部分人因不滿而轉向新的沙門思潮。

沙門並沒有階級的分別，認爲通過個人的努力可以改變命運，衆生皆被視爲平等，主張捨離世間的貪愛、斷除停止種種不善之惡。沙門在當時的印度較受下層種姓及商人群體歡迎，爭取這些在婆羅門教中地位比較低的群體支持，幫助他們爭取擺脫原有階級的束縛。沙門的修行形式以出家苦行式修行爲尙，主張徹底禁慾，有時亦以乞討或依賴大衆主動布施爲生，但實踐中也有照顧大衆的實際情況，認爲處於不同水準的修道者無須全都進行絕對的禁慾與苦行。沙門這種主張出家苦行的修道形式，一直影響至今天。細心的讀者會否察覺到婆羅門教及其他同時代的宗派對佛陀的思想有重大的影響？事實上佛陀最初並無意創立新的教派，而是認爲他的教義淨化了沙門與婆羅門部分不合適的教義，他與僧衆在當時的印度被視爲沙門的一個新分支教派，稱爲釋子沙門。

當時印度活躍的另一個沙門分支教派是耆那教，也是主張平等主義與出家修行，也有業報與輪迴的思想。業報即事物出現與發生的緣起，以及因緣起而產生的結果。耆那教認爲人需要捨棄宿業，不造新業，才能最終達至解脫的狀態。耆那教認爲動植物和非生物體內均有靈魂存在，不能傷害。主張五戒三寶，由苦至樂。五戒是不殺生、不欺狂、不偷盜、不姦淫、不蓄私財。三寶爲正智、正信、正行，與佛陀的主張亦有許多相似之處。兩者主要差別是當時的耆那教主張更極端的斷食苦行與不殺生，以及對植物以及非生物認爲也有靈魂的想法。對於輪迴，耆那教認爲靈魂永遠存在，修行達到寂靜，從而脫離輪迴之苦，靈魂就能獲得解脫。

佛陀則認爲涅槃後會到達不生不滅的狀態，即靈魂也是空無的狀態。在《阿含經》中屢有記載佛陀與耆那教的辯論，佛陀認爲當時耆那教的修行方式難以完全解除痛苦，亦可了解到佛陀與當時的其他的思想派別是有互動的。而事實上佛教與其他沙門教派的興起亦反向影響到婆羅門教的發展，變成了更世俗化的印度教，大量吸納中低種姓民眾，獲得較廣泛的支持。教義中亦轉而爲保護耕牛，使得牛在當今的印度有神性的地位，思想總是在時代與社會變化中不斷的相互影響。

除了思想背景，我們也可以從當時社會環境等方面去了解佛教思想形成的緣由。當時的印度北部地區有十多個王國以及一些較小的附屬國同時存在。國與國之間互相討伐兼併，社會政治的環境並不穩定，即使過上了優越的生活，也難以得到絕對的安全與保障。部分佛經中有講述悉達多成爲佛陀以後，他的出生地迦毗羅衛國的釋迦族人遭到鄰國屠殺及滅國。佛經中以因果關係說明，認爲釋迦族人在當地相對比較高傲，自覺是太陽的民族，有強烈的階級觀念及優越感。

鄰國琉璃國太子的母親茉利夫人曾是釋迦族的婢女，該琉璃國的太子曾被釋迦族人指是賤民之子而受到侮辱，他登基以後就去報仇，發兵攻打迦毗羅衛國。佛陀知道後曾三次在大軍進攻的路上阻擋勸退，可是最終仍無法阻擋故國被滅的結果。

佛經中提到，佛陀了解到自己也無法阻止因果業力的關係。這亦可以反映出當時戰爭的頻仍與社會環境的不安定與苦難，單憑個人力量無法阻擋災難的發生。了解時代與思想背景，才能更好理解強烈苦業的意識以及如何脫離現世束縛的思想來源。

苦集滅道，離苦得樂

佛陀認爲人生充滿各種苦，而各種的苦都是因緣際會而來，解決的方法就是行八正道，才能從苦空無常的此岸，到達或至少靠近涅槃的幸福彼岸。但要做到離苦得樂並不容易，我們首先要了解人生痛苦的來源。

苦集滅道四聖諦與十二因緣

苦、集二諦是相關的，集是形成苦的原因，而苦就是集的結果。滅、道二諦是苦、集二諦的解決之道，以「道」的大智慧去「滅」「苦、集」招聚的痛苦。所以四聖諦的因果關係是，「集」招聚痛「苦」的出現，以「道」去消「滅」痛苦。

集諦

集是招致與積聚的意思，是形成苦的原因。那麼生命體爲什麼會聚集痛苦，佛陀認爲是由十二因緣引起的。

十二因緣指的是

（一）無明：處於對生命本質無知的狀態。

（二）行：身體、語言、意識上造出各種的行爲。

（三）識：因爲各種行爲，受到各種外在刺激或感知時產生的認識與感覺。

（四）名色：名代表生命體的精神活動，色代表組成生命體的物質，名色代表生命的組成。

（五）六入：視覺、聽覺、嗅覺、味覺、觸覺、意識與認知變化。

（六）觸：六入接觸到外在的事物。

（七）受：因爲各種接觸而產生內心的感受，包括樂與苦，或不苦不樂的感受。

（八）愛：因爲各種感受而產生的慾望和貪念。

（九）取：爲了慾望與貪念的執著而付諸行動。

（十）有：因爲行動所以有了因果的循環。

（十一）生：新生命的誕生。

（十二）老死：生命的結束，以因果輪迴去看也代表下一個生命因果循環的開始。

集諦指出衆生之苦的根本原因是無明，即對生命本質的無知所引起。不了解各種外在與感觀刺激都是無常的，產生了六入、觸、受、愛、取等因緣變化，被這些外在的刺激與思維所迷惑，受內心的慾望支配。因無知而陷入貪嗔癡的境地，作出錯誤的行爲，對物質名利上的無止盡追求，求得也是苦，求不得也是苦，使衆生永遠流轉於生死之苦，無法解脫回到眞我狀態。

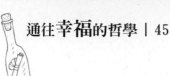

苦諦

佛陀指出世間的本質是無常的，而生命體是由五蘊這五組不同要素組成，分別如下。

（一）色：世間的事物擁有的物質性元素及其色彩，可理解爲支持事物存在的物質。

（二）受：內心的感受，包括樂與苦的感受。

（三）想：指各種記憶與想像等心理活動。

（四）行：指決定外在行爲的心理活動，推動各種行動背後的心理意志。

（五）識：指內心對世間一切事物的認知，可再分作眼識、耳識、鼻識、舌識、身識和意識等六種不同的意識。

色受想行識這五蘊組成了人的身心活動，可是五蘊皆是無常，所以我們的身心狀態也是無常的。而大衆總是在苦苦追求生命、名聲、財富的永恆存在，這種身處無常卻追求永恆是無解之矛盾，結果只是會永遠求之不得而陷入痛苦。

如果「眞我」，是妙樂的，是無束縛，是自在與自由的，那當人生被五蘊束縛，就不可能處於眞我的狀態。由於生命體受到束縛而受苦，就會處於非我的狀態，卽無法處於自由自在的妙樂狀態。生、老、病、死固然是苦，再加上愛別離（與所愛的人分離）、怨憎會（人際間的憎恨之心）、求不得、五陰熾盛（各種的欲求、躁動與怨氣），就形成了八苦。

人們因爲生活的環境，對物質世界虛幻無常的事物苦苦追求，卻顚倒了本質，認爲這種行爲就是快樂與幸福而追求不捨。大衆察覺不到這種追求是苦的根源，陷入了貪（慾望與貪婪）、嗔（惡毒怨念以致傷害自己與他者）、癡（沉迷不能自拔）的狀態，卻無法覺悟與脫離，繼續流轉生死不得解脫。

道諦

道諦指能夠滅除眾生苦惱，而通向涅槃解脫的道路。佛陀指出遵從八正道，才可以讓我們煩惱永斷，解脫生死輪迴之苦。

八正道

（一）正見：正當的見解，有正確的佛理知見。

（二）正思惟：正當的思想，不貪欲、消滅殘忍之心、生慈悲之心、不愚癡。解決思想上的顛倒，不再追求無常的外物與名聲，從困擾中獲得解脫。

（三）正語：淨善的語言，不妄語，說對大眾有益的話。

（四）正業：不違犯五戒，不殺生、不偷盜、不邪淫、不妄語、不飲酒。處世合乎適當的規範，不作一切惡行。

（五）正命：正當的工作與謀生方式，遠離不正當的職業。

（六）正精進：在正確的方向努力，去惡從善。
（七）正念：除去妄想，用智慧去判斷並修持正法。
（八）正定：對佛法有堅定不移的信念與理解。

佛陀認爲通過修持八正道，衆生就能夠得到解脫，出離生死之苦。道是通往的意思，以此道去離苦得樂，就能獲得人生的解脫。

滅諦

滅諦是指滅除一切煩惱苦果後，到達涅槃的狀態並得到徹底的解脫。當衆生了解苦的本質，由苦得樂，通過八正道的的修持，最終斷除了大衆的貪嗔癡等煩惱，出離生死苦海。如果我們以因果順序來說，四聖諦應爲集、苦、道、滅，因爲苦與滅都是結果。佛陀了解衆生的根性，結果總是比較易明白，而引起結果的原因卻不容易明瞭，所以先說明結果，再解釋原因會讓大衆更好地了解因果關係，這就是爲何大家更常聽到的是苦集滅道，而不是集苦滅道的次序。

佛陀的核心思想，是要了解到苦的源頭，認識無常的本質，達至無我的境界，繼而離苦得樂。要大家認識到世間是空無的本質，讓大衆不爲眼前事物及各種感覺所迷惑，過上有所覺知的生命，能夠不爲痛苦的困擾，達至離苦得樂的自在境界。這種追求本質上是往內心的一種修練，而且不受外界事物與資源多少的影響。無論身處何種環境，也可應用當中的智慧去靠近幸福的彼岸。

六祖慧能——禪與頓悟

佛經故事中，相傳佛陀快將涅槃前的不久，在一次與大衆傳教的法會上，佛陀問衆人還有沒有什麼法要詢問，有一位大梵天王獻上一朵金婆羅花去奉獻佛陀，佛陀接受此花並坐於其上，無言無說，但面向法會大衆拈起這金婆羅花。此時與會的人士與各僧衆大家面面相覷，不知佛陀的動作所在表達的意義。唯有大迦葉尊者知道佛陀所示，了解到這是無上法門而破顏微笑，默然無語從座而起立合掌。佛陀向大衆宣示，摩訶迦葉做對了，明白了當中的微妙法門，這一法門不立文字，教外別傳，此教化可以令凡夫成佛，現今讓摩訶迦葉以此去修行佛道，摩訶迦葉就成了西天（印度）禪宗的第一代始祖。

禪宗作爲佛教的一個分支教派，在傳入中國後與中國傳統文化思想碰撞，形成了一個有獨特理念的漢傳禪宗派別，其中必須要提到六祖慧能。相傳禪宗由印度僧人達摩於魏晉南北朝期間傳至中國，達摩來到洛陽後再轉去了嵩山少林寺，面壁靜坐長達九年，之後出關傳法，視爲漢傳禪宗初祖，經幾代的傳承到了六祖慧能禪師，他的智慧及教誨在弟子的記錄及整理後，成了影響後世至深的《六祖壇經》。

六祖慧能學禪的事蹟充滿故事性，慧能大師俗姓盧，生於西元六三八年（卽唐太宗貞觀年代），出生在嶺南道中（卽現今廣東新興縣）。慧能自幼家貧，父親早亡，與母親以賣柴爲生，在年幼時因太貧窮而沒有上學。有一次送木柴到客店時，剛好聽到店中有人唸《金剛經》，非常受到觸動，就問經從何來，被告知是從禪宗五祖弘忍大師的黃梅山東禪寺而來。當時有善心者願資助惠能去黃梅山，惠能把身上銀兩盡交母親後，前往黃梅山學禪。初到的惠能被安排在寺中擔任廚房的幫工，主要做的事是椿米破柴等雜事。後來弘忍大師有意傳法，有意找出弟子作新的禪門傳承者，要求弟子創作佛偈呈上去檢驗他們的修爲。其中首座弟子神秀呈上一偈：

「身是菩提樹，心如明鏡台；時時勤拂拭，莫使惹塵埃。」

五祖對眾人說此偈不錯，不過私下跟神秀說其還未完全開悟。而當時在寺中沒有什麼地位的惠能聽到神秀的佛偈後，亦自誦一偈，但因自己不識字，請其他僧人代勞題字於壁上。

「菩提本無樹，明鏡亦非台；本來無一物，何處惹塵埃。」

五祖弘忍大師見後，告訴大家惠能亦未開悟，並將偈子擦乾淨。五祖卻於深夜三更時呼惠能過來，祕密傳授《金剛經》，惠能聽到當中的「應無所住而生其心」，便大徹大悟。這當中的核心思想是要明瞭到空性是一切事物的基礎。領悟到活在當下的眞諦，不要執著於任何已發生的事情或各種利害得失。正在發生的事情，在當下都是眞實不虛。當事情完結後，就等於完全過去了，就要把它放下，不要執著於其中。懂得以無我的智慧，處理一切事物，凡事都是因緣聚散的無常現象，一切沒有固定的狀態。因緣來到之時，就要好好把握。當因緣散失時，卽使用上再大的努力也無法改變，就要學會放下，不要再執著其中，內心不再被各種不受自己所能控制的事情變化所束縛。五祖傳法後向惠能傳授衣缽，把六祖惠能定為正式的第六代傳人，但為怕其他僧衆不服甚至可能傷害惠能，五祖吩咐惠能先坐船南下，要惠能等待時機成熟後再弘法，並吩咐衣缽傳到慧能以後就不要再傳了，以免引起各種不必要的衝突與爭議。

惠能在嶺南山林中隱居多年後才出山，去到廣州的法性寺時，印宗法師正在該寺內講解《涅槃經》，那時剛好有風吹動了幡，一名僧人認為是風在動，另一名僧人認為是幡在動，兩者爭論不休。路過的惠能繼而認為這不是風在動，也不是幡在動，而是仁者心動。印宗法師聞之大為欣喜，詢問後了解到惠能是得五祖弘忍大師的法印眞傳，就為六祖慧能剃度並拜其為師。惠能輾轉到了曹溪寶林寺（卽現今廣東韶關南華寺），在此傳法三十七年直至圓寂。他在南方主張禪宗頓悟的思想，與北方神秀主張的漸悟思想，形成當時禪宗南北的兩大派別。頓悟與漸悟的目標都是成佛，亦即是爲了成爲覺悟者。漸悟主張人需要累積性修行，建立更多的功德，才能慢慢成佛。而頓悟認爲只要充分理解佛的道理，不需要累積性的前提與條件，只要能夠開悟，即能成佛。

「佛法在世間，不離世間覺；離世覓菩提，恰如求兔角。」

——《六祖壇經》

慧能認爲，佛法就在人間，離苦得樂眞正追求的幸福也在人間，如果想離開世間去獲得覺悟的大智慧，就好像要求兔子耳朵上出一對長角出來，這是徒勞無功的。只要擁有覺醒的智慧，人間就是那個你一直在追尋的樂土。只要能頓悟到眞理，每一個人在當下都能成佛（覺悟者），也不一定需要出家修行，因爲出家與在家修行的關鍵在於心，目標無非就是找到解脫痛苦之道。在無的認知基礎上，不離世間的覺悟。活著的時間自由自在，無憂無慮過活，努力把握各種好的因緣，積極的去生活，而不執著於各種已不能改變的結果，就是最大的幸福，還需要往哪裡去尋找？

「不悟即佛是眾生，一念悟時，眾生是佛。」

——《六祖壇經》

如果擁有禪的智慧，就好像擁有能打破一切痛苦困頓的巨大力量，這就是摩訶迦葉當時合掌微笑的法門。任何人，在任何的時間，在任何機緣下頓悟到此一法門，卽能成爲自由的覺悟者。衆生獲得力量是源於找回自我內在的覺悟自性，如獲此無上般若智慧，便不會執著於事物表象，不拘泥於教條與方式，達到眞正自由自在的境界。六祖亦不拘泥於形式主義，認爲行走坐臥、一茶一飯都是修行，都是禪的境界。

喝茶吃飯，不過是尋常人生中每天皆做的事，那麼修禪的覺悟者，與其他人的分別在哪裡？關鍵在於對「無」的認知與覺悟，認識到空無一物才是世界的本來實相，而在無的前面，解脫掉無明的一切執著之煩惱。習得此法，即使日常的生活看似還是一樣，但心境卻不再相同，你已經是一個能活在當下的覺悟者了。

同樣的喝茶吃飯，喝茶會感覺到茶水的味道，吃飯會感覺到飯的味道，出門會感知到四時的變化，即使老之將至，也沒有衰老的恐懼與痛苦，一樣愉快的喝茶吃飯。世界還是一樣每天的在轉動，已經覺悟的禪者，身與心感知的世界卻已不再相同。這就是禪宗指出一條能靠近幸福的路徑。而最重的是，這中間最關鍵的因素不是由任何外在因素驅動的，而是要求修習者的內心主動與自覺作出改變，不是施行形式主義。這法門看似容易，實也很難，難的不在於理解，難的在於自性的開悟。如果你做到了，就會完全明白爲什麼大迦葉長者在獲得此法後會心微笑。

往外在追求的幸福

——物質與精神的平衡

伊比鳩魯——快樂極大化

伊比鳩魯（Epicurus）於西元前三四一年出生在地中海的薩摩斯島上，這是希臘哲學鼎盛發展的時代，也是希臘哲學家亞里斯多德的中年時代。伊比鳩魯成長時受希臘哲學影響，曾在小亞細亞任教，後在雅典建立了自己的學園，鼎盛時間他的學園與柏拉圖等人的學園齊名。伊比鳩魯的直接著作有很多已經失傳，但其觀點在雅典產生了廣泛的影響，並得到一定的傳播。

我們今天已經很少聽到關於伊比鳩魯的哲學討論，但其討論快樂與幸福的智慧仍然對我們今天的生活頗有參考價值。我們理解到在歷史長河中，涉及太多關於個人享樂的討論往往在時代中不合社會主流，務實理性的觀點在思想上也不夠高貴脫俗，很難被奉爲群體的信條。一旦當社會處於困難時期，須團結民衆過苦日子，這種偏向個人快樂的主張自然地很容易被大衆所遺忘。伊比鳩魯的學說事實上一度已經失傳，及後在考古活動中被發現，其學說才再次重見天日。

伊比鳩魯認爲人生最主要的目的是快樂，最大的善來自快樂，沒有快樂就沒有善。人生活在世間上，過得快樂與幸福才有意義，離開了世間，人體就會返回了原子的狀態，沒有是否幸福的感受，所以要學會把握今朝，及時去把握自己的幸福。他認爲快樂有以下不同的種類。

有些快樂是合乎自然的需要

比如享用美食、情慾歡愉、滿足自然人性需要，是動態的，但沒有持久性的快樂。

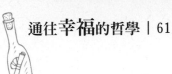

有些快樂帶來痛苦的後果

合乎自然的快樂被濫用，產生不必要的痛苦。例如把酒狂歡，可是第二天會產生痛苦的宿醉，這種快樂最好能捨棄。

有些快樂可以提供平靜安祥的愉悅舒適感

比如通過努力習得新知識的快樂感覺，比如結交朋友、欣賞藝術等，是靜態而持久的快樂。

他認爲普通人無需學習都可以直接感受到快樂與痛苦的分別。快樂作爲目的，不是指揮霍金錢或純粹肉體享受，而是身體的無痛苦和心靈的無紛擾。他沒有排斥肉體的快樂，只是重點強調這種快樂的過度關心是不自然的，也會引起不幸與痛苦。因爲肉體的快樂不可能得到永遠的滿足，如果要獲得快樂需要連續不斷地的縱慾，那麼追求這種快樂的人，在快樂不被滿足的某些時刻就會感到痛苦。這就像要不斷加入燃料的慾望快車，一旦某天燃料不夠致車速不夠快，就會感到失落與痛苦。又比如需要不斷旅行享樂，又或極限挑戰，某天不能再創高峰回歸平淡時就會感到痛苦，需要自己永遠在路上才能得到滿足。而他特別強調有一些快樂既不必要，也不自然的。比如追求個人的名譽地位，在社會上享有的特權或用作比較的財富。

伊比鳩魯指出最高等的快樂不是不斷的開派對去狂歡作樂，也不是情慾與美食等的滿足。而是個人經過思考後作出取捨，終極的去追求的一種寧靜的快樂。他認爲若要獲得這種寧靜的快樂，就要阻止傷感對精神的負面影響，最好降低生存條件並限制個人不必要的慾望。只要滿足本性需要的物質，身體的無痛苦及心靈的淡泊輕鬆，都是持久快樂的來源，而且這種快樂很少會引起痛苦的反彈。

從他的觀點去理解，得到快樂就是獲得幸福的最佳路徑，所以快樂是人生的最大追求。而怎樣定義快樂，怎樣去獲得終極寧靜的快樂，就是其思想的核心所在。伊比鳩魯認爲當一個人不受任何痛苦所折磨，而其慾望也都得到滿足後，就可以達到毫無紛擾的最高境界。

伊比鳩魯認爲活著的時候，死亡尚未降臨。而當死亡降臨的時候，我們也不再存在了，所以不值得去擔憂死亡。伊比鳩魯採用了其他希臘哲學家有關靈魂原子論的說法，認爲人死之後，靈魂的原子離肉體而去，四處飛散，因此人死後並沒有生命。這一想法看似有點負面，卻能把部分受困於擔憂死後會受折磨與劫難的人解救出來，因爲既然人死後靈魂亦隨之消失，那麼死後的世界就也沒有甚麼可怕的，只是回歸到生命之前的本原狀態。這一觀點即使到了今天，仍然成爲心理治療中一個會被使用的觀點。如果你聯想到莊子哲學的生死觀點，會發現兩者其實有許多相似之處，爲什麼地域與時空分隔的兩位哲學家，都會產生出近似的想法，這應該不是偶然的事，而是經歷深刻思考後所想，所以即使沒有伊比鳩魯，也沒有莊子，這一種觀點一定會存在，只是代表性的原型人物可能會改變而已。而當一個能人從死亡這種不幸的恐懼中解脫，自然就能更好的達到毫無紛擾的精神最高境界，就能更好的去感知幸福。

享樂主義

有趣的是，推崇理性享樂的伊比鳩魯最終卻被曲解成了享樂主義的代言人，甚至演變成享樂相關的形容詞。享樂主義者主張，人生在世就應該盡情享樂，不被約束，生活中也要講究生活品質及格調，不要被簡單的事物所滿足，要盡可能精緻的過日子。事實上當時伊比鳩魯與他的弟子自我封閉地生活在雅典的學園之中，少有跟外間往來。過著喝清水吃簡單麵包，限制個人慾望而追求終極寧靜的生活，跟大眾理解的享樂主義相距甚遠。但作爲當時爲數不多較重視物質與慾望也需要滿足的哲學家，被視爲享樂主義的代言人也就十分正常。

慾望的極大化

關於享樂主義的哲學討論，最好能夠從極端縱慾，與極端節制慾望兩端都有理解，才能像鏡子一樣映照出其他思想定位。在極端縱慾那一端，希臘的思想者卡利克勒斯（Callicles）就是其中的代表，他是與蘇格拉底同時代的人。他主張幸福在於滿足不斷膨脹的慾望。他認爲節制的人就是傻瓜，就會變成石頭一樣，人生的意義在於讓慾望不斷膨脹到最大程度。人要憑自己的勇敢與理智讓自己的慾望得到最大的滿足。可是他也認爲多數人不可能做得到這種狀態，做不到的人就會責難能夠享受這一切的人，藉此掩飾自己的能力不足。

古希臘人認爲貨幣是流動的，只有花掉的錢才符合流動的本質，所以只有花了的錢才算是自己的，因爲花了的錢才是人生中流動的一部分，轉化爲生活的需要或享受。卡利克勒斯認爲能自由自在享受富足生活而沒有阻礙，就是幸福的狀態。不過他建議喜歡享受的人也要多加參與法律建制討論，避免因衆人的意志影響其享樂的權利。從哲學的觀點，如果一個人透過享奢華樂而有得益，這行爲對社會沒有任何傷害，即是一個人有得益而沒有令他者損失，個人自利得到滿足並不應受到他者的批判。

要了解到卡利克勒斯是生活於西元前五世紀的人，千百年前的純粹個人享樂主義者的觀點，與千百年後熱愛奢華享樂，喜歡炫富以吸引衆人關注的群體，其行爲背後的動機並無重大差距。全書中關於享樂主義的討論，這算是一個極端偏向個人自利式的觀點。這種觀點連卡利克勒斯自己也知道有一嚴重的風險，就是這種行爲如果沒有結合生產上的積極性與創造性，只是純粹的消耗與享樂，就難以持續地獲得社會性的支持與保障。如果大衆都單純追求自我享樂不事生產，那麼誰人來工作？這種縱慾享樂行爲本身既沒有直接提升社會的生產力，甚至因縱慾而損耗生產力，也沒有增加社會資源分配的有效性與公平性。社會對財富與私有產權的擁護，只有在社會多數人都擁有財產時，才會有廣泛的支持與擁護。當資源過度集中，極小數既得利益者與社會中絕大多數人利益不一致，社會就有可能會再次進行資源分配，原有的既得利益就會不復存在，對歷史稍有認識的人都會很清楚這種資源再分配絕非罕見。

如果以心理學的觀點而言，由於擁有更多資源後也會有適應性的影響，享受物質能帶給你的刺激會越來越低，所以有些人才會喜歡炫富，這是因爲自身的無聊而需要引人關注去尋找刺激。以滿足無限制的慾望去尋找快樂與幸福，會否有點像飲用海水去解渴？享樂主義在物質豐富的世代往往頗爲流行，自我的膨脹，把我與他者明確劃分，把個人與社會切割，明明生活在鄰近的區域，富人跟窮人像生活在兩個不同的平行時空，這種狀態在最發達的國家中也有出現，值得我們去深思。慾望本身不只無罪，更是人生的必要原素，失去食慾我們會陷入饑餓，失去基本物慾生活會變得困乏，失去性慾就可能會失去後代傳承，甚至引致群體凋零與消亡。享樂本身並不是負面的事，但如何跟慾望相處，不被慾望支配，是幸福思考的重要題目。

享受美味的食物，欣賞舒適美麗的環境，身心的慾望得到釋放與滿足，這明顯都是正面的事物，不應該單純因享樂受排斥，人生的終極目的不應是爲了世代苦行。完全禁慾其實相當違反人類本性，歷史上有類似主張的群體，最終都難以延續，因爲人類群體生存本身就需要有生存及延續的慾望去維繫，也會有在資源許可下享受生活的美好的慾望，極端的禁慾也會破壞人性中許多的積極性及削弱生命力。

享樂不應是人生的唯一追求，純粹滿足感官慾樂的生活並不值得推崇。適度享樂，滿足合理的慾望而不縱慾，比徹底禁絕慾望合乎人性。排斥不會產生傷害性的個人享樂是不合適的，合理去疏導與滿足才合乎人性。

邊沁——量化快樂

生於西元一七四八年的英國人傑瑞米‧邊沁（Jeremy Bentham）是功利主義（Utilitarianism）學派的創始人，主張人應該追求更多的快樂。他認爲快樂可以量化，整體社會能達至快樂極大化就是最理想的狀態。

快樂的總量可以用其強度乘以其持續時間計算，所以快樂不只是簡單的數量上的多少，而是要把快樂的強度與其持續時間一起考慮在內作計算，這是嘗試以數學之尺去量化幸福，然後找出最適合的個人與社會行爲狀態。

邊沁試圖以快樂的淨值極大化來解釋社會行爲。邊沁認爲我們可計算某一行爲的快樂總值，然後也找出其產生負面影響的總值，把兩者相減就會得出快樂淨值，如果這是正數，這一行爲就是好的行爲。因爲快樂的淨值是由快樂減去痛苦的值而得出，所以能獲得越多的快樂，同時能把痛苦極小化，就是最好的狀態。

他認為幸福就是個人和社會的唯一的善，幸福是指得到愉悅與快樂，缺少痛苦的狀態。假設人的一切行為都是出於關心自己的利益去爭取更大的快樂，獲得更多快樂就是多數人的終極追求。

個人善的總和就是社會最大的幸福，所以讓多數人獲得更多的快樂也就是社會最大的幸福追求。

邊沁認為懲罰本身是危害，除非我們能證實以法律所施行的懲罰有利於社會的整體利益。若果懲罰本身無效，非必要或施行的成本過高，就應該要中止懲罰。一個擁有理想法制設定的社會，能令多數人在服從並遵守法律後，可以成功的讓大多數人享有最大的幸福。

他認為，按功利主義運作的社會，就能產生讓最多的人能獲得最大幸福的社會。

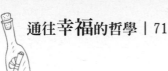

問題是，怎樣去量化感覺？這個問題始終是純粹以數量理論去解決人類複雜性的盲點。而邊沁自己也知道這一問題，他認爲在重大事項中每個人心底都有在計算，只是有時算得不是那麼精準而已。

希臘哲學家亞里士多得認爲，因爲我們生活中具有快樂和痛苦，個人應該採取行動去追求更多能給予我們快樂的事物，避開會引起我們痛苦的事物。這種亦稱爲享樂主義的觀點，與邊沁的觀點有很多相似之處。

但亞里士多得認爲一些事物卽使可能引起卽時的一定痛苦或辛勞，卻可以帶來更大的滿足感，那就應該去做。

在考慮快樂極大化時，我們要考慮做某一事情長遠的總體痛苦減去總體快樂的淨値效應，而不是面對所有困難或引起辛苦勞累的事情都選擇避開。他亦認爲每樣事物都有其目的或者行爲，善的追求卽在於該目的之達成。換一個角度去看，如果達成善的目標，可以獲得最大的快樂，而承擔起個人應盡的責任是靠近善的方式，那麼那些負重前行的人，事實上是在靠近幸福與快樂而不是單純在受苦。

邊際效用遞減

邊沁提出了最初的功利主義思考後，心理學家在進行實驗時卻發現了邊際效用遞減這一個有趣的現象。當我們擁有某一事物的總數量越來越多時，新增加的數量所產生的額外效用會越來越少。

比如你肚餓時可能會想吃點包子，當吃了數個包子感到飽足以後，就不想再吃了，因爲飽足以後額外吃的包子不會提升你的效用，反而可能引起進食過量而身體不適變成了負值的效用。這亦解釋了爲什麼自助餐的形式能夠存在，因爲消費者在吃到一定數量後，繼續進食的功用就會降至零甚至是負值，不會出現少量消費者就會吃光所有食物的情況。

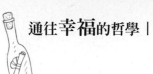

邊際效用的分析亦可以應用在時間之上，當生命中擁有的時間長度不斷延長，達至某一個水準後的邊際效用可能會跌至零甚至變成負值，即個人有可能會不再想獲得更多的時間。有部分哲學家認爲生命如果可以無限延長，對部分生命的個體而言也許是非常痛苦的存在。當然現實之中大多數人擁有的時間因長度有限，大多數仍然處於正功用的水平，所以多數人都在積極的追求更長的生命。

叔本華——無聊與痛苦的搖擺

極端式的個人享樂未必是多數人的終極追求，因爲單靠享樂本身難以達到持久的幸福。生於西元一七八八年的哲學家叔本華（Arthur Schopenhauer）提出了有關幸福的無聊與痛苦論。叔本華的父親是富裕的商家，他從小安排叔本華到處遊歷增廣見聞，並在德國與法國等地學習，希望培養出他的商業技能與觸角。叔本華的母親約翰娜則是一位當時有一定名聲的小說家，而且非常喜歡享樂。可是叔本華的父親卻於其少年時代突然去世，而叔本華的母親在家庭以外有比較豐富的感情生活，使叔本華與母親的關係相對疏離而缺乏家庭溫暖。叔本華後來在哥廷根大學及耶拿大學修讀哲學，之後曾於柏林大學任教哲學，可是當時被另一著名哲學家黑格爾的光芒完全蓋過，他的課程乏人問津。

叔本華後來為了躲避霍亂而離開柏林，並展開了漫長的獨居與偶爾遊歷的生活。

叔本華曾經想修補跟母親的關係，打算把自己的學位論文獻給母親，他的母親卻說那些論文難看得像藥劑師的醫學文檔。叔本華尊嚴受挫後曾跟其小說家母親說，總有一天妳的那些書在倉庫裡半本也找不到，而我的書還是有人讀！其母親聽了後再以毒舌回敬，就算到了那個時候，你的書還是一本也賣不掉。還有一次，母子口角後她推叔本華下樓，叔本華憤恨地向母親說，以後沒有人會知道妳是誰，只會因為我而記得妳！這對母子最終老死不相往來。事實上當時其母約翰娜的書真的比叔本華的書暢銷得多，但叔本華的預言卻是正確的。叔本華終生未婚，不知是否受其母親關係影響而對婚姻產生負面想法，而他生命中最後養的捲毛狗被鄰居小孩戲稱為叔本華夫人，叔本華於西元一八六〇年因肺炎離世。

叔本華本身是唯心主義論者，著有《作爲意志和表象的世界》一書。唯心主義認爲人類所能感知的現實世界，都是以個人心智爲基礎。比如我們見到一棵綠色的小草，是因爲我們的視覺看到植物後心智意識中出現了綠色小草的認知，如果沒有了看到事物後我們心中產生認知，外在事物就不存在我的感知之中。記得我大約七、八歲的時候有一次跟父母去飲茶，途中看到車水馬龍的街道，我就在想如果我不存在而感知不到，當時看到的世界是否也不會存在，或者變得毫無意義？世界的事物只存在於我的意識之中，而我才是主體。後來我接觸到哲學後才了解到這就是唯心學說中的想法。當然我長大後客觀認知上認爲世界事物是獨立於我而存在的。大家可能聯想到佛陀有關色受想行識這五蘊的認知，其實這也被歸類爲唯心主義的思想之中。思考物與我的主體關係，會影響到我們追求幸福的行爲與認知。

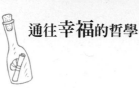

叔本華在六十二歲時出版修訂自原有著作的《附錄和補遺》，一開始完全沒有出版商願意出版，後來靠他的友人說服出版社，首印七百五十本並沒有

任何版稅收入，只獲十本贈書。有關幸福相關的討論多來自這一本書，並被後世改編成各種人生智慧的相關出版物在各地銷售。叔本華認爲如果慾望得不到滿足會感到痛苦，而當慾望完全得到滿足後又會很無聊。如何滿足慾望？要獲得多少資源才足夠？是一個必須思考的重要問題。當資源嚴重匱乏，我們難免感到痛苦，除了內在的快樂，獲得外在的快樂往往需要一定的資源才能獲得，人生在世難以排除資源多寡對幸福感的影響，不用追求資源極大化，但也盡可能避免陷入極端匱乏。

叔本華對幸福有相對有趣的見解，他並沒有否定物質，只是更強調內心的重要性。他認爲幸福由三個重要因素決定：

一、人是什麼？比如個人的健康、體魄、人格與氣質、道德與教養等。

二、人擁有什麼？比如個人所擁有的財富與資源。

三、人在他人眼中是怎樣？比如別人的評價、社會地位和名譽。

叔本華認爲人生要幸福首要的就是弄清楚人是什麼，其他因素相對次要。個人內在是決定幸福的最重要因素，外在環境與資源只起到了一定調節的作用，不是關鍵性影響。比如對於一個無趣之人而言，去旅行看到美好的風光或者與朋友聚會都是索然無味的。如果一個內在精神豐富的人，即使是獨處也能自得其樂。幸福與否，不只是我們資源的多少與遇到什麼樣的事情，而是取決於我們的個人心態以及與命運相遇的方式。比如某間學校安排了一項遊學交流團活動，許多同學對活動都是滿心歡喜並充滿期待，有些人卻會因爲不感興趣甚至心生厭惡而希望旅程早日結束。叔本華認爲人生總是受困於痛苦和無聊之間。許多的人生要麼處於痛苦之中，要麼無聊透頂。慾望得不到滿足，處於貧窮與匱乏之中便會感到痛苦。生活資源充足，想要什麼都不需要努力，缺乏折騰的生活，因爲沒有挑戰與阻力，內心的慾望得到滿足以後卻可能會陷入無聊的狀態。

我們可用叔本華的想法，去思考某些無聊行爲背後的動機。無聊的人對外部世界發生的瑣碎事情，比如別人對自己的任何評價、對各種社交媒體消息、短視頻娛樂八卦、親友各種變化動向，總是表現出持續的強烈關注。因爲他們的內心空虛無聊而無可安放，必須要藉各種八卦事物與資訊去塡充。有時候無聊者爲了生活更「充實」，更會在人際網中散布各種消息與製造各種事端，唯恐天下不亂。

叔本華認爲若想要跳出這種無聊與痛苦之間的鐘擺，最好能在一定物質與條件下去豐富自己的精神世界，比如學習知識與自我充實，這樣才能減少對外部世界的求索與依賴。這樣亦可以減少因擔心別人對自己的看法而產生的焦慮、減少不必要的八卦娛樂與資訊充塡，能夠自在與睿智的去過生活。

不過嚮往叔本華式生活的朋友要留意的是，叔本華的父親離世時留下了一大筆的遺產，所以叔本華一生中也不需要爲金錢而工作，只需爲興趣而工作，而且始終過著獨身的生活。他對幸福的建議，於資源充足的群體較有參考性，於資源匱乏者而言適用性有限，因爲他從來不用解決個人資源貧乏的問題，他只是指出最好不要陷入貧窮與匱乏，卻沒有解決問題的建議或更多的討論。

極端的低慾望與自我滿足

極簡生活主義在今天不少地區再次流行，比如斷捨離的理念，即斷絕不需要的東西，捨棄多餘的廢物，脫離對物品的執著，也擁有了許多的支持者。斷捨離的核心是找出什麼對自己才是重要以及必要的，對非必要的事物以至各種人際關係進行整理，是一種應用在生活中的減法。

其實生活只需剛剛足夠就很滿足了的思想在古代早已流行，比如成書於明朝的《增廣賢文》中說道：「良田萬頃，日食一升；廣廈千間，夜眠八尺。」

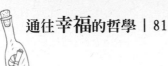

意思是，卽使你是家有萬頃良田，其實每天也只不過吃一升的米就足夠了。卽使有千間房間的巨大豪宅，夜晚睡覺還不是睡在一張八尺長的床。人生的追求之中，足夠需求就好了。

身處資源匱乏的境地，如果人們只需簡約的物質就能感到滿足，對已經擁有的一切非常感恩，那麼至少生活能夠較易感到舒心。心理學中的現實與預期的落差理論告訴我們，如果實際的生活狀態與自己預期的落差越大就會越感到痛苦，而落差較少，甚而現實較預期佳就會感到更幸福。這在實際應用上應該與大家日常的感覺大體是一致的，但我們必須考慮採用簡約態度時要避免走向極端，把預期壓抑到極低後，會否喪失了更美好的追求與慾望，而漸漸變成得過且過混日子仍自我感覺良好的狀態，這種狀態下因爲預期與結果一致，也不會有什麼痛苦。這是否是我們的追求？這中間似乎有一個問題要思考，就是人生是否應該有所追求，如果有，應該是什麼，如果沒有，那麼每天的生活會變得如何？有沒有其他更平衡的選擇？

犬儒學派——簡約與需要

在古代希臘也有一個犬儒學派（Cynicism），也崇尚剛剛好就足夠了的思想。犬儒學派認爲人應學習犬隻的生活狀態而得其名，提倡人應該選擇回歸自然，清心寡慾、無求於世，鄙棄奢華富貴。其中最著名的思想者要屬第歐根尼（Diogenes），他活躍於西元前四世紀與柏拉圖是同時代的人，柏拉圖跟他亦是朋友的關係。他父親的工作是負責監製貨幣，後來他參與了改造貨幣（即鑄造假幣活動）被逐出城邦。他被捕後被當作奴隸販賣，在機緣下他拜了創立犬儒派的哲學家安提斯泰尼（Antisthenes）爲師，後來主要以教導富人家庭小孩的家庭教師職業爲生。有一次他寫信給柏拉圖說想要喝點葡萄酒，柏拉圖豪爽地寄出了他喝不完的量，卻被第歐根尼批評說，柏拉圖連什麼是足夠的簡單算術都不會。第歐根尼認爲人生滿足了自己需要的資源數量就足夠了，多餘的資源只是生命中的負累。人的需求越多，代表缺乏的越多。如果學會把需求慢慢減少，就可以從物質的束縛之中解脫，獲得心靈的寧靜。

第歐根尼以一個大木桶作自己的房子，沒有多餘的財物，只吃最簡單的麵包等食物。據說亞歷山大大帝聽聞他的名聲去尋訪他，問他需要什麼，並說會兌現他的願望。第歐根尼卻回答，我希望你閃到一邊去，不要遮住我的陽光。亞歷山大大帝後來跟別人說，我若不是亞歷山大，我願是第歐根尼。亞歷山大的回答充滿智慧，當擁有巨大權力與財富的亞歷山大固然感覺很好，如果只是一個普通人，擁有第歐根尼的態度日子也許會更舒心，不過亞歷山大的優先與取捨還是很明確的。有一次第歐根尼看到小孩用手在河邊喝水，他就把自己盛水的容器都掉棄，認爲自己的檢樸程度還不如小孩子，要向小孩子好好學習，這眞是極簡主義的鼻祖之一。今天已經沒什麼人討論犬儒學派，這卻是一面很好的鏡子助我們思考慾望與資源需要這一題目。

可是當極簡漸漸走向極端，不只生活中所需要的資源失去了緩衝，應付變化的彈性受到限制。更甚者，當任何生存狀態都認爲是心滿意足，而不再需要追求，就會喪失所有慾望，也喪失了動能與努力，有可能成爲魚乾式的生存狀態。我想起雄性鮟鱇魚這個經典的海洋寄生獸，海洋中雄性鮟鱇魚相比雌性的體形小得可憐，雄性的唯一生存目的就是找到一只雌性，然後咬住牠的皮膚，再把自己與對方融爲一體，從雌性中吸取養分維生，與雌性結合後甚至會放棄了自己用以獨立生存的器官，沒有意志，沒有想法，不用行動，混吃等死。這種活著，連魚乾都不如，因爲連自己的形態也喪失了，已經不復爲魚了。

日本有一位被媒體稱爲納豆仙人的長者，人生到了七十多歲卻只有兩年時間曾經參與工作，然後就過上了啃老的日子了，很自然地一輩子也是單身，獨自居住在一間位於東京毫宅地段的房子，裡面卻是垃圾堆積如山。他在父母過世後只依靠父母剩下來的一筆遺產過活，他對物質沒有太多的追求，每天只吃便宜的納豆維生，偶然吃一點洋蔥配飯，除了外出買食物，幾乎與世隔絕，被媒體稱爲納豆仙人。納豆仙人年輕時曾對歷史及哲學感興趣，假使他在孤獨的日子中積極思考甚而著書立說影響後世，會否成了下一個像叔本華這樣的哲學家？可是納豆仙人表示自己沒有目標，也沒有夢想，自然沒有什麼需要追求的事，既然預期中的生活跟現實中的生活沒有差別，所以在那一種環境下生活也不會感到痛苦，他還說如果遺產用完後他已經沒有生存的意義。考慮他難以負擔垃圾清理的費用，訪問他的媒體善心地花了相當的一筆錢助他清理掉滿屋的垃圾，可是數年後媒體回訪時卻發現垃圾又再次堆積，也許人生的慣性形成後即使明知不妥也難以改變。如果我們人生中完全不想付出或努力，就會變成一事無成，即使努力不一定有確定性的結果，但生活的面貌將大大不同。不管生命的長與短只是在漫無目的生存，由年輕時代開始已經廢掉並喪失了生命力的人生，到底是幸福還是可悲的狀態？

在某些高速發展的大城市的城中村裡面，也曾經存在過一些只靠打散工維生，工作短時間後只要口袋中還有餘錢，就會先休息直至錢用盡以後才會去再找散工的群體。他們住最便宜的床位甚至在街上席地而睡，又或在網吧或其他地方流連整天，吃最便宜的包子或麵食。生活中沒有什麼追求，也沒有什麼特別的痛苦，而且還因爲形成一個群體因而並不會感到孤單與突兀，資歷較深者還被戲稱爲大神，每天徹底躺平，不明所以的繼續活著，這也是一種眞實存在的生存狀態。當個人在任何生活狀況也可以滿足，失去了生命力與追求，會否走向萎靡不振的狀態？

比對一下希臘哲學家亞里斯多德的想法，他認爲每個人應有其目的或者行爲，往善的追求去靠近幸福，似乎比純粹滿足妥協於任何生活狀態更合乎人的本性。因爲什麼都不用追求，喪失了生命本源的生命力，成了鹹魚一樣的狀況，不是很無聊嗎？正如叔本華認爲，無聊不也正是痛苦的根源嗎？過度的追求而陷入慾望的泥沼，與無所事事的自我滿足，似乎都不是一種幸福的狀態。

資源與需要

心理學家馬斯洛（Abraham Harold Maslow）提出了需求層級的概念，他認爲人的最基本需求是生理及安全需求，比如滿足生存需要的食物以及人生安全保障等。然後是心理性、社會性的資源需求，比如自尊與建立各種社會關係、友情與愛情，最後是自我實現的精神性追求，然而這些追求沒有絕對的先後次序。

即使完全缺乏物質基礎，也可以有精神層面的追求，比如以極端的苦行追求精神上的解脫，但這種缺乏基礎的追求對多數人而言不切實際。爲什麼即使你擁有強大的內心，客觀到達某些資源水平仍是相當重要的？因爲個體最低限度需要維持生存的資源，而群體最低要求是保有延續後代的資源，否則群體就會滅亡。

不同的人生需要及追求不是單靠資源多寡而決定，能獲得可持續生活需要的資源，已經足夠支撐起我們人生中的各種需要及追求。

最低生存需要

滿足生存需要的必要物質，比如最基本的水與食物，擁有個體能夠活下去的必須性資源。

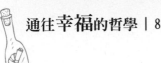

可持續生活需要

滿足個人基本生活所需資源，有居所可遮風擋雨，有足夠營養的食物可以維持健康，有足夠的睡眠與休息時間。擁有足夠組成家庭的資源，有意願生育者能擁有養育下一代的資源，這包括能支付最基本的教育醫療等必要服務，滿足建構家庭與生命延續的資源水平。

對社會上多數人而言，能滿足可持續生活的需要，其實已經足夠了。追求更多外部資源是需要付上更多的代價，並需消耗更多有限的時間，甚至需要捨棄生活上的各種自由、與家人變得聚少離多、關係疏離。如果你的人生目標設定不是資源極大化，再往上追求更多資源已經沒有必要性。當然，非必要並非不重要，資源極大化是許多大眾的深層意識。

其實維持可持續生活需要的資源需要在不同的時代可以天差地別，在往昔貧困時代，家家戶戶都沒有太多資源，更沒人談什麼退休保障，卻照樣能成家立室生兒育女，傳承一代又一代。最低水平的可持續資源需要，只需資源足夠令新一代成家，能支撐到新一代的孩子成長就可以了，即使生活困乏一點，群體也可以延續下去。當然可持續生活需要亦要考慮退休後的基本開支需要，這要視乎有沒有公共的退休收入保障，或要依靠個人在工作期間的儲蓄及投資，能支付一生中的基本生活需要就足夠了。

這種資源需要並沒有絕對標準，在社會發展中資源的需要變化劇烈，在資源豐富卻競爭激烈的時代，個人非常容易在快速前進的大隊中落單，無法滿足可持續生活需要的基本要求，當許多人即使傾盡全力也難以滿足其需要的資源水平，就會形成巨大的競爭焦慮，壓縮很多資源相對匱乏者的幸福感。單身時代的出現可能是社會意識變化後的選擇，也可能是相對資源匱乏下不少人的無奈選擇。單身時代出現後不易逆轉，社會總體就會緩慢地萎縮與凋零，直至社會因一些新因素變化而再次轉向。

社會心理性資源需要

要滿足社會心理性的資源需要，資源的總量不單能滿足個人及家庭所需，重點在於以資源總量去建立心理上的安全感以及自我認同。比如擁有環境優越沒有貸款或不會被加租迫遷的舒適居所、擁有充足資源支付長期高標準的醫療教育等服務所需、擁有不爲匱乏所困擾的安全感。一些人追求的財富自由，即使被動的收入已足夠支付生活所需，亦是追求此一級別的需要。我們要了解到，財富不自由的大眾也可以養兒育女過好一生，所以是否擁有財富自由的資源不是人生中的必要因素。

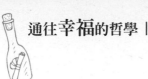

追求資源極大化的人很少長期滿足於某一資源水準，達成基本目標後會再追求擁有比當時同儕更優越的資源水平，偏好與同儕形成一定差距，滿足面子與社會比較性的深層慾望。再往上的追求會超出個人自由生活需要，部分人會追求擁有商業或社會上調動重大資源的能力，以及用資源爲身邊的人解決問題的權力，追求影響力以致不朽於世。

物質生活已經改善的今天，許多人並沒有因物質改善而更靠近幸福，相反地，許多人變得更加痛苦了。其關鍵原因是在競爭異常劇烈的社會之中，即使擁有一份高收入的工作，工作能力一旦落後也隨時可能被淘汰，辛苦工作換來的收入也不敢有太多消費。另外一個不快樂的來源是受到比較性需求的影響，使人們因爲別人有某種東西，而認爲自己也必須要擁有。雖然食物與各種可貿易商品的供應已大幅改善，但非貿易的住房與必要服務等，往往形成生活中的巨大壓力來源，就算想隱世而居，也未必有能力支付一個可以安身落腳之所。而在以私營爲主導的社會資源結構下，部分發達國家的必要性資源如住房、醫療與教育服務，在缺乏公共部門參與提供下，大衆不一定能夠負擔。不少國家的自有房屋比例越來越低，要買得起房子往往需要傾盡全力工作，甚至要背上巨大的債務負擔，需數十年才能清還。而無力購買者，很可能必須頻繁搬遷，居無定所，生活中充滿不安定與焦慮，因此大家就會理解爲什麼房價或關鍵資源負擔比例高的地區，生育率很自然地會跌至低水平。

人生中就算是只想獲得寧靜的幸福，其實也要有一定的物質支持，但純粹追求物質極大化的人生，明顯是本末倒置。這當中的平衡，就要靠你根據身處的真實情況按智慧去作出取捨了。

修身律己與自我追求的幸福

孔子——君子之樂

孔子原名孔丘，生於西元前五五一年，字仲尼，後世尊稱為孔子。孔子生於春秋時代的魯國，祖先曾為宋國貴族，孔子的父親則是在魯國擔任普通地方官吏。孔子三歲時失去父親，由母親辛苦撫養成人，幼年時期的日子過得十分艱苦，在其十七歲時他的母親亦不幸去世了。孔子成年後曾在魯國擔任負責文書相關工作的小官吏，也當過管理牲畜的小官職，魯國的大夫孟厘子認為孔子賢德，他過世前介紹了自己的兒子與一友人跟從孔子學禮，是為孔子最初的學生，後來孔子於二十多歲時正式開始其教育事業。

之後魯國出現內亂，孔子轉到齊國，可是在齊國也未被重用。五十歲左右再回到魯國當官，最高曾擔任魯國大司寇，即是掌管司法的最高官職。孔子在魯國政事上曾有一番作為，可是日後魯國君主漸漸疏於朝政，被齊國用計獻上一衆美女後怠慢朝政。孔子亦與當時魯國的部分官僚集團不合，比如主張拆除權貴封邑的城牆等觸動了他們的利益，最終離任而去，開始了十多年周遊列國的行程。最終魯哀公將其迎回魯國，賜封國老這一有名而無實權的職稱給孔子。孔子在魯國安頓後開始編修《春秋》一書，享年七十三歲。

十五歲開始立志學習；三十歲了解社會禮節懂得如何立身處世；四十歲能明辨是非不再迷惑；五十歲知道順應天命，清楚知道可爲與不能爲的事，不再執著；六十歲聽到別人說話就能分辨曲直，能容得下別人的不同意見；七十歲能順從自己眞心本意去說話與做事，卻又不會逾越規矩，知道什麼是應該與不應該做的事，過乎合原則的生活。這就是孔子自己對一生的總結。

君子之樂

孔子認爲，君子是一個擁有社會承擔、有行事原則的人。成爲君子，是個人的理想追求。關於幸福，孔子以如何獲得各種的「樂」作解釋。

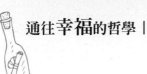

「學而時習之，不亦說乎？有朋自遠方來，不亦樂乎？人不知而不慍，不亦君子乎？」——孔子《論語》

孔子認爲學習知識並經常溫習實踐，是一件很愉悅的事。有朋友自很遠的地方來找我，一起交流聚會，也是一件很快樂的事。別人不了解我，而我卻不以爲意也沒有怨恨，擁有君子的氣度就不會爲這樣的事情而煩惱，這也是一種愉快的心境。

孔子認爲其弟子顏回是一個幸福快樂的人，孔子說顏回眞是賢德之人，住在陋巷中的小屋，只有一碗飯、一瓢水，別人都忍受不了這種清苦替其擔憂，顏回卻活得快樂幸福。可是由於過度清貧，身體比較虛弱，顏回很年輕就不在了，令孔子十分惋惜。

「飯疏食飲水，曲肱而枕之，樂亦在其中矣。不義而富且貴，於我如浮雲。」

——孔子《論語》

孔子本身並不排斥金錢與財富，但在乎是否用正當的方法獲取。如果生活眞的比較困乏，能夠做到君子安於貧困狀態（君子固窮），喝清水與粗糧飯食，睡的地方狹小得連身體也不能伸直，亦能夠樂在其中，愉快地生活。做不義的事而獲得的榮華富貴，如天上的浮雲，不會是我的追求。當然生活條件能夠改善本身不是壞事，重點是以正當的方法去獲得。

孔子認爲一位君子應該追求正當合乎禮義的人生，建立修養和眼界，亦需要擁有中庸的哲學。中庸絕不是指平庸與無原則附和他人，而是一種平衡的智慧。中庸之道指是不偏不倚，不走極端，過猶不及，凡事適可而止的態度。簡單如出外吃飯，不會見到好吃的食物就暴飲暴食，變成傷害自己。過度的學習，會否也產生一定的壞處？壞處不在於學習本身，而在於過度。莊子也說過很著名的一句話：「吾生也有涯，而知也無涯。以有涯隨無涯，殆已。」這句話核心的思想不是不鼓勵知識的學習，而是掌握了基礎常識後，學有專攻以致用，再以自由時間尋找更廣闊的天地。如果大家了解當今學術研究界的分工之細緻，也會明白莊子所言為何物，我們窮一生精力也不可能把世界所有的書都看完，把所有的智識都學習到專業級別。這卻不會阻礙我們成為一個積極的求知者，因為眞實的人生不應是無知，卻不用無所不知，專業的事情由專業的人辦就好了。

中庸之道的應用非常廣泛，比如政治學中的極端左派與極端右派一旦掌握權力，在歷史上都是非常危險的存在，很容易引爆社會內部的巨大矛盾與衝突，甚或對外發動侵略戰爭，比如極端右派的法西斯主義就引爆了第二次世界大戰。中庸者會思考如何調和矛盾，平衡各方的利益與福祉，團結最廣大的人群，極端者只考慮如何壓制、迫使對方屈服。眞正的中庸者擁有堅定不移的原則，而不是隨波逐流的，中庸者會了解凡事皆有其最適度，如水溫冷熱，一旦變化走向極端，往往都是傷害而不是受益。

儒家有安貧樂道的思想，其眞正追求的是精神層面深刻的幸福。是否獲得物質豐富的富貴生活，並不是獲得幸福的關鍵因素。當一個人能做到君子的境界，心胸廣寬、豁達瀟灑，自然更容易收穫快樂和幸福。而小人因爲有太多的利益計算，總是憂愁難以舒心。經過個人主觀意志的努力，服從良心與正義的原則，過合乎道德的生活，內心就會得到愉悅和滿足。這中間亦必須要考慮到個人應盡的家庭與社會責任，比如盡孝道，適當的履行爲人兒女的責任，比如盡責任去養育子女成人，又或盡公民的責任以智慧與道德擔任社會的中流砥柱。盡了自己應盡的責任後，也會感到長久的愉悅，這是一種美好生活的狀態。雖然有時要負重前行，卻也是一步又一步的靠近幸福。孔子指出的幸福不是簡單的滿足慾望，這種君子之樂包含著責任和道德，能夠有持久愉悅與滿足感的快樂。

明知不可為而為之

孔子晚年時在由楚國往蔡國的路上，於一處渡口附近迷路，向附近耕作的人問路時卻慘被譏笑，說孔子自己應該知道出路在哪兒，現今天下變得洪水滔滔，誰都無力改變。孔子十分感慨，認爲雖然天下無道，自己卻義不容辭的去承擔社會責任，在亂世中重建社會秩序，知其不可爲而爲之。建立社會秩序，不是爲了約束，而是爲了保護最底層，最無力抵抗戰亂與社會動盪傷害的百姓。每一次的社會大動盪失去秩序時，受害最深的都是底層百姓，流離失所家園盡毀。如果社會的整體幸福，也是個人的幸福追求，那麼明知不可爲而爲之，其實就是一種擇善而固執的態度。

生活在社會中有道德界線作第一重的內在心理約束，外在的法規只是第二重的約束。當亂世出現時，法律也會因失去有效執法、法治沒有被社會廣泛遵守而失效，演變成天下無道。一些人會因社會混亂，資源重新分配而獲得個人利益，所以混亂有可能持續一段時間才會結束。混亂的持續時間越久，對社會及人民生活與福祉的損害就會越大。

當漢朝的社會發展達到一定水準後，社會民生開始穩定下來，到了漢武帝時，重視儒家思想幾乎是當時的必然選擇。孔子也許沒有估計到，他的思想在春秋戰國時代的亂世中虛弱無力，在日後的太平之世中卻有了茁壯成長的土壤。我們要明白到，各種的思想，各種幸福的主張，其實都需要合適的土壤去承載。讀者在看各種人生與幸福主張時，不妨留意一下創作的時代與思想背景，以及提倡推廣者在眞實世界實踐的狀態，這樣才可了解思想是否適用於自己的眞實狀態。

物質匱乏與社會的思考

孔子的先輩們也了解，如果生活的物質非常貧乏，上層的道德與思想要在社會上普遍建立是困難的。《史記·管晏列傳》中的「倉廩實而知禮節，衣食足而知榮辱」，就很好的解釋了物質是建構精神文明的基礎。但即使擁有基礎物質，卻不代表精神文明會得到建設，教育及文化傳播的缺失，也會令精神文明的種子難以發芽。

不過卽使處於匱乏的時代，但有些人仍會盡力，明知不可爲而爲之，當然在匱乏時代受影響的人會很少，因爲天下無道，當生存也成爲問題時，此等道德建構就會顯得蒼白無力。道德的規範令我們更能適應社會訂下的一些標準，減少人與人不必要的衝突與磨擦。當天下再資源匱乏的問題普遍獲得解決的時代之中，人倫道德的建設就再次有了茁壯成長的土壤。可是只有土壤還是不夠的，還需要教育與環境的配合。

在現今複雜的社會分工下，個人不需要與他人建立長久關係以協助生存，只需按制度進行交易就可以獲得生活所需。只要沒有觸犯明確的法律，做與不做違反道德的事，並沒有太多的約束，卽使不孝不仁不義，或在沒有違反法律下損害社會利益以利己，只要家中有財，仍可繼續享有優越的物質生活。如果每一個人都站在自我的角度去看世界，而不考慮世界與我也是一個命運共同體，卽使資源充足的世代，也沒有道德成長的土壤。我們要明白過度執著的道德與禮教規範，不只令一些人感到不自由，也會令社會失去想像力與創造力。但完全沒有規範，不見得就是更好的狀況，往往是陷於更壞的境地，這需要每一個社會以及每一代的人尋找出一個合適的狀態。

物質可以限制我們的生活，但卻沒法限制我們心存的善念與良知。我們不是物質世界的奴隸，至少我們的內心不會被物質完全束縛，努力的去承擔社會責任，擔任一位能堅守原則自立於世間的君子，也是以實質行動去靠近幸福。這種行爲不只是令他們自己更幸福，也是令大眾都能生活在一個更幸福、更安樂的環境之中，這亦是爲什麼千百年來，經歷社會無數的變遷，這種追求個人與社會共同幸福的思想從未斷絕，能夠承先啟後，改良並適應變化中的社會需要之後，就可以繼往開來。

斯多葛學派——掌握人生，追求美德

斯多葛學派是賽普勒斯島人芝諾於西元前三世紀初在雅典創立的學派，因在雅典集會廣場的畫廊聚衆講學，而該處的希臘語發音近似斯多葛而得名。其提出自我完善與修身的斯多葛主義（Stoicism）在古希臘及羅馬時代產生巨大的影響，包括羅馬皇帝尼祿的老師塞內卡，以及著有《沉思錄》的羅馬哲學家皇帝馬可．奧理略（Marcus Aurelius）等也是屬於斯多葛學派的。

斯多葛學派認爲美德是唯一的善，外部事物，比如健康、財富等，本身不存在善與惡的區分而是中性的，這些中性因數是美德行動的基礎條件。人生中一些惡的情緒來源於個人的錯誤判斷，主張人們應有一種遵循自然法則的意願。個人修爲的標準不是依據他的言論而是取決於他的行動，爲達成好的生活狀態首先需要理解自然，因爲一切事物的發生都基於自然。斯多葛學派不認爲追求更多的快樂就是幸福，而是認爲幸福是一種智慧上的追求。

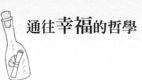

斯多葛主義強調個人因建立修養以應對變動而不由自己能完全控制的世界，因爲世界總是有各種不能控制與意料之外的事情發生。很多時候即使我們盡全力與逆境角力也是無濟於事的。人要學會坦然面對問題，沉著面對焦慮與痛苦，並能持續地去追求美德。這種追求可以理解成人生中的幸福泉源，我們自身的德性比外在事物來得重要，而德性來自於智慧、正義、勇氣、自我節制這四個源頭。我們無法完全控制自己的人生際遇，但卻能夠自主控制如何去應對那些情況。

細心的讀者朋友會發現這種想法在不同的哲學思想中都有出現，這種在不同時間與空間的重疊絕非偶然。斯多葛主義者有一定的實用主義傾向，他們的思想中有一定比例非常務實的偏好，比如想要更多快樂而非承受痛苦，想要更多朋友而非敵人，更想要足夠的財富而非陷於貧窮。然而如果事與願違，擁有哲學修養者也不會感到強烈的痛苦與沮喪。斯多葛主義者會變得更有心理韌性，不易被生活中的不如意所困擾，在順境與逆境中安然自處。

斯多葛主義還有一種內生的積極性，他們不追求隱居避世潔身自好，而是更偏向承擔更多的責任，以勇氣和決心追求達成美德的目標，積極去做那些既符合自身利益又符合大眾利益的事情。主動去承擔更多社會責任，這種個人爲社會變得更好而努力的追求，是獲得持久幸福感覺的重要途徑。比如哲學家皇帝馬可．奧理略常在思考如何能更好的治理國家，達至社會穩定，人民生活更富足與幸福。有能力者，就要發揮自己的能力去承擔更多，不畏懼通往美德行事的路上會遇上多少挫折，能默默忍受，堅定不移往目標進發，這就是追求幸福的現世實踐。

羅馬皇帝馬可．奧理略在《沉思錄》中提醒我們，時間並不等人，即使你什麼都不做，時間還是一點一滴的過去。別以爲自己擁有千年的時間，該做的事情就不要拖延。他在《沉思錄》中提倡的個人行爲準則，跟孔子提出的行爲準則有很多相似之處，都講求克己修身，不被物慾支配，保持謙遜，以理智本性生活而不是爲了取悅大衆而活，對良知與原則絕不妥協，並盡力在社會中貢獻自己的能力。似乎古代東西方有深刻社會經歷的賢者對個人行爲準則的想法，在不同時空與文化背景下卻有一定的共通性，這種相似應該不是偶然而來的。

有時候把個人行爲標準訂得太高，多數人難以實踐之時，這種理想的行爲準則就會失去現實世界的實踐性而失去影響力。絕大多數有血有肉的人不可能是無私聖人，也不期待身邊的人會是一位聖人。只是當一個社會中大多數的人在考慮事情之時，不以一己私利爲唯一標準，不以簡單的黑與白二元對立把人劃分，不會忘記了人類的良知，能互相尊重，共融共存，一樣的人群，世界便不再一樣。當貧困者有所照顧，奮鬥者沒後顧之憂，當商業的創新及經營者是被贊賞而不是視爲貪得無厭，社會有更多資源，並有效地分配，個人與社會的利益是共生而非對立，才是社會之福氣。

尼采——超越限制的人生

尼采

哲學家弗德里希．威廉．尼采（Friedrich Wilhelm Nietzsche）出生於西元一八四四年的普魯士，即現今德國薩克森的洛肯村。其父親是一位牧師，可是卻於其年幼時因病離世，其母終身未改嫁，把他撫養成人。事實上尼采年幼時與其祖母，還有其父親的兩位未有出嫁的妹妹、母親及小尼采兩歲的妹妹伊莉莎白一起生活，圍繞在身邊的全是女性。尼采成長時期就讀於一所當地的男子學校，之後再轉到一間私立學校升學，大學時期就讀於波因大學，主要修讀神學和古典語文學。他對叔本華的哲學深感興趣，並認識了當時的音樂家華格納。尼采在未獲得博士學位下，因得其教授推薦而破格獲得瑞士巴塞爾大學古典語言學系的教職。於普法戰爭時期，尼采亦有參與其中，擔任後勤醫護相關職務，在戰場中的生死經歷很大程度衝擊了尼采的思想。戰爭結束後他返回大學任教數年，他最終因爲個人健康因素辭去相關教職，近代研究懷疑他可能受梅毒的長期影響又或患上遺傳性腦中風等病變。

尼采終身未婚，曾經與女作家莎樂美發展出一段曖昧的關係，莎樂美是當時幾位哲學與文學家傾慕的對象，而且總能令對方神魂顛倒。但尼采的妹妹並不認可莎樂美，知道他們走近後不斷中傷莎樂美，極力阻止他們在一起，尼采曾向莎樂美求婚但被拒絕。他曾向自己的朋友控訴莎樂美玩弄自己的感情，尼采知道兩人關係的主動權始終在莎樂美的身上，兩人最終完全決裂。失戀之後尼采開始在義大利和瑞士等地四處遊歷，並尋找適合其健康狀態的環境，可是他的精神障礙越來越嚴重，使他無法工作，晚年精神陷入嚴重錯亂狀態，尼采與妹妹的關係時好時壞，但其最後的日子都是靠妹妹照顧，最終在一九〇〇年離世。他的妹妹伊莉莎白之後亦按其未出版的有關生物力量意志的手稿進行

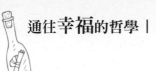

編輯，部分內容懷疑被她篡改後成爲《權力意志》一書出版，後被加以利用爲極端思想背書，並非尼采的原本意願。

尼采在世時著作了數本書籍，比如《善惡的彼岸》等均是自費出版，且大多銷量不佳，僅賣出數百本甚至更少。他在後世影響力巨大的《查拉圖斯特拉如是說》在一八八五年只印製四十本，主要分給他的朋友們閱讀。尼采著作中的哲學理念相對艱澀，即使看了原著也不易找出主體思想，主要涉及了超人、力量意志、永恆回歸等概念。一般來說很難把尼采哲學直接與幸福哲學畫上關係，但是當你認眞的去了解其中的深意，就會察覺到當中的自我超越思想，其實也是追求幸福的一個重要途徑。今天以自我超越與突破極限爲人生追求者不乏其人，只是他們未必會把自己的行動與尼采的哲學產生直接聯想，繼而對相關題目進行深刻的思考。

自我超越

尼采指出當時很多人觀念的謬誤，譬如卽使今生蒙受苦難，來世也自然會得到救贖，但如果萬事皆由上帝決定，人與奴隸的分別在哪裡？尼采認爲在有些教義中，弱者爲了保護自己而創造有利自己的道德規範去自我安慰，比如弱者在生活中如何被欺負，死後也可上天堂，強者作惡今生雖然沒被懲罰，死後也會下地獄。如果身處貧窮的人在心底自認爲是善人，只是因人生太正直而陷入貧窮，那就很可能會認爲擁有資源的人多是行惡才變得富裕。因此貧困者就會因這種思想去限制自己的努力，因爲他們會認爲無須花力量去改變自己，這樣才能更靠近善的美德。尼采認爲人們在現世不應過度依賴上帝，而是需要靠自己堅強地生存下去。而卽使克服一個問題後還有無數難題要面對，也應該採用不懼困難並敢於挑戰的態度去面對，卽使明知一切的努力未必能改變結果，但仍絕不放棄。

當時的歐洲出現了虛無主義浪潮，就算社會生產力提升變得更有效，可是過度競爭、資源壟斷與不平等，使得大眾在生產力進步下，個人的幸福並不一定能夠得到提升。尼采認爲如果把眼前的一切問題皆認爲是上帝的安排，個人就會失去行動的方向與改變命運的能力。在想像別人會手伸拯救你之前，你必須先主動作出自救，不能純粹等待命運的安排。尼采認爲任何事物都與意志與力量有關，雖然人的能力有各種限制，但無論身處各種境況，個人都應有變得更強大的意志，因爲擁有這種意志才能使人成長。若這種成長被視爲是人生的追求，獲得成長本身也會令自己更靠近幸福。尼采認爲如果一個人陷入永劫輪迴，即在無限的時間中一切事物無休止的重覆下去，那便是人類要面對的最大痛苦懲罰，無論是否選擇接受，個人也無法逃脫命運的安排。但即便如是，人仍要以意志變強去與宿命抗爭，而擁有此等意志與行動力者就是超人。

後世了解尼采的自我超越思想時，有時會作出有利自己觀點的解釋，甚至演變成極端思想的背書，比如二戰時尼采思想便成了侵略者的哲學理論，把自我超越變成了以我的意志去任意踐踏其他弱者，不夠強大者就要被征服的想法，這是非常危險與惡劣的曲解。尼采的思想也不是一部成功學的學說，他沒有建議你集中所有精力與時間，以苦行僧式的刻苦能耐去走向成功。如果成功是人生獲得幸福的唯一定義，而你花的努力又很可能不能出現如預期的結果，傾盡全力後仍很可能會失敗，那麼失敗來臨之時，你是不是要全盤否定自己的一切努力？尼采並沒有以結果論成敗，他重視的是面對命運時的態度與選擇，努力過後卽使失敗也是值得尊敬的人。

尼采想法的根源在於改變個人在命運與限制面前的懦弱，人生中總要面對各種阻力，透過戰勝貪圖安逸與逃避困難的心理，提升自身能力去克服各種阻力迎難而上，就是獲得幸福感的重要來源。所以尼采的幸福哲學有一巨大的特點，就是不會視困難爲痛苦，也不會因陷於困境而灰心，而是將其視爲生命中不可缺失的挑戰，就好像把困難形容爲通往幸福的入場門票，而他會選擇勇於接受這一挑戰，無論結果如何絕不退縮。我們換一個角度去看，如果人是一根會思考的蘆葦，在烈風下必須要低頭，會否有那麼的一根半根，即使了解到自身的脆弱，仍不屈服地抵著逆風在飄盪，沒有完全低下頭來？這就是自我超越的精神所在。

讀者朋友要留心，有時自我超越與自我膨脹只有一線之差，要小心去理解。在本書中所有關於幸福與個人處境的討論，有完全接受命運與建立巨大內在意志對抗命運，這兩種截然不同的觀點。面對困難與逆境，有人會選擇坦然接受這一切，困難皆是命運的安排，然後不作任何抵抗，採用完全逆來順受的態度，既然這困境是我應有的，就這樣吧。而尼采的思想，則指出個人須自我超越，與困難和命運奮戰到底，這是人類面對困難與挑戰之時，能拿出最大的勇氣與最爲主動積極的態度，以自己的最大努力去對抗命運。這不就是當今一些講求個人競爭的社會底層意識？應用得好，是推動社會與個人發展的動力，本身並無不妥。可是我們也要小心，有時候思想與理念會有過剛則折的風險，保留一點生活中的彈性也是很重要的。因爲萬一在迎擊困難時意志脆弱而最終選擇後退，你就可能失去了自我認同的資格。身處根本無法對抗的境地，選擇先活下去，比當下就被烈風完全折斷強，先退一步才能保留實力，等待合適的機會再次逆風挺起。所以尼采的思想，在通過努力眞有較大可能改變命運的處境下最有效益。在環境劇烈改變下、在力量過度懸殊下，選擇像樹木先行落葉去挺過乾旱季節，能更好的適應環境生存下去，不失爲更好的選擇。應用幸福的哲學，不要忘了去評估自己身處的客觀環境，才能更好的活用思想去提升自己的幸福感知。

存在主義

尼采的思想亦影響到後世存在主義的發展，存在主義強調個人擁有自由，同時亦有討論責任與幸福的題目。存在主義學說中最著名的是二十世紀法國哲學家沙特（Jean-Paul Sartre）的名言：「存在先於本質。」

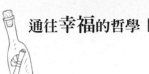

沙特否認人的生命中有其它任何預先定義的規則存在。既然沒有這些既定限制，個人唯一要解決的問題便是他選擇哪一條路去走。每個人都是自由的，有其潛力與可能。我們可以理解，在自由的環境下，個人追求最大潛力與發展就是追求幸福。

既然每個人都有選擇的自由，每個人就有無法逃避的責任去承擔自己選擇的結果。當人的本質沒有先天的定義，就需透過他的自我所選擇的行爲才能被定義，我們可以理解成人的本質就是他行爲的總和。如果沒有先天已經設定的道德，個人行爲規範都是人在生命中憑藉自我意識而創造的。我與他者同樣也有選擇的自由，可是如果每個人毫無節制地以自己的自由與喜好爲唯一考慮去做事，作出的行爲舉動就有可能影響他人的自由，出現他者卽是地獄的狀態。

破壞往往是快速的而且成本很低，而創造卻是需要很大力氣與漫長的時間，這兩者是不對稱的。比如那些獨一無二的藝術品，那些具有特色的古代建築，都是人類對美好追求的結晶，是前人留下來的瑰寶，但卻可以因爲任何人以行爲藝術，或以表達各種訴求之名義加以破壞。這種破壞得到的懲罰往往很輕，甚至因追蹤不到破壞者而沒有懲罰，但帶來傷害卻很大，有一些破壞永久不能復完。

如果每一個人都有無限制表達的權利，以任何自認爲合適的方式施行，假設每天全世界有一百個人響應，就有一百件藝術品被破壞，那麼如果有一萬個人響應，應該所有看得到的藝術實體不用多久都不復存在了。如果破壞的不是藝術品，而是其他的社會建設與個人財物，又或者對其他認爲是「非我」的人群以各種手段傷害與壓迫，任何人不用授權就可以自由地對他者定罪傷害，歷史上這種「自由」狀態在社會動盪陷於亂世之時往往就會出現，身處這種他者的地獄眞是非常恐怖的狀態。

極端的民族主義及種族主義會引起戰爭以及巨大的迫害，這是社會大衆較易辨識的危害。他者的地獄出現有時跟外部衝突及資源沒絕對關係，而往往出現在相同群體的內部，因而難以辨識風險所在。在那個熟悉的地方，那些熟悉的人，轉眼就可以變成互相敵對的攻擊者。只要個人與其他個人或群體之間出現意識形態及利益是否一致出現差異，便足以引起攻擊與傷害。

意識形態可以是一些個人對世界及社會的認知及信條，也可以是一些理念及觀點。本來既無仇無怨，也無利益交集的人，卻可以因為別人認為你的意識形態與之不同，而展開無情的傷害及攻擊。這是東西方歷史上，一而再，再而三發生過的恐怖慘劇。攻擊者有時連手無寸鐵的老弱及小孩子也不放過，只為無限制的行使其自由，因為他認為自我就是批判一切事物之唯一尺度，一切不合尺度之事物就可以盡情破壞。更可怕的是意識形態中只需有少量的新變化，就可以出現分裂，原有群體間就會出現不同的派系，繼而對原本屬同一群體的他者施行攻擊，沒有誰可以明哲保身。這種他者的自由，實為歷史上最可怕的人間地獄狀態。身處地獄之中，幸福從何談起？

這亦是爲什麼我們考慮追求個人幸福的同時，要考慮自己行爲對他者的溢出效應，會否產生負面的傷害？卽使社會未陷於極端狀態，如果社會中多數人純粹以自己的自由作唯一考慮，我們的利益就會很容易受他人的負面行爲而影響，變成了各人競相以力量或資源壓迫對方，以隨心所欲施行其個人的自由，在這種充滿不安全感的社會環境，整體社會幸福感很自然的就會下降了。

如果幸福與自由都是美好的追求，但他者的自由可能令我不幸福，又或我的絕對自由也可以令他者不幸福，那麼自由與幸福的界線在哪裡？這個問題值得讀者細想，我相信大家心中自有答案。

困難與自我超越

若然按存在主義的想法，每個人都是自由的，個人追求最大潛力與發展是幸福的。那麼自我超越，就是追求幸福的方式。可是卽使個人如何努力，人生中總免不了會遇上困難與挫折，天助自助者，沒有人可以助你去把握機會，也沒有人可以把一個放棄走路的人，扶起來奔跑。遇上困難，抱怨是正常，沮喪也是正常，只要你沒有放棄前行，總會在未來的路上有所收獲。如果不幸遇上重大困難卻無力解決的時候，你很可能會陷入沮喪繼而感到憤怒，憤怒的能量卻可能令你陷入情緒的低谷。你可能會嘗試求助，卻很大機會發現沒有什麼人能提供實質性的幫忙，當你認定某些人應該幫助自己時，卻很可能只會引起進一步的失落。

陷入困難時自然很想有人拉一把，有時痛苦地瑟縮一角，心底也存有希望被拯救的想法。可是錦上添花易，雪中送炭難。但多數情況下，尋求身邊親朋好友的援助，獲得最多的只是語言上的打打氣，什麼希望在明天之類的空洞鼓勵，也許可以請你吃一餐飯，如能給予你一點不用償還的金錢，這種幫助已是仁至義盡，可是這類幫助並不足以助你解決眼下的困難。

有時在失敗之中，自己已經花光了所有力氣，卻仍然想不出解決辦法，也許會感到自己被世界遺棄了。你可能發現自己再也找不到依靠，你唯一的依靠只有自己，你只有憑自己站起來，有時甚至須要有徹底清空再重來的精神，捨棄一切曾經擁有之物的執著，才能重新開始，這就是個人的自我救贖。這種心態轉變的時間越快，越快重整個人的生命力。放下了背上無力再支援的沉重負擔後，既然沒有什麼可以再輸了，就算不會變得更好，也不用擔心會變得更壞的時候，你就會變得無所畏懼，繼而重拾生命力去嘗試超越眼前的障礙。人生不在乎是否成功，不礙於是否失敗，只在於自己有沒有向前走，一步又一步的向前走。即使努力不一定能換來好的結果，但努力的本身，已經可以令我們一步步的靠近幸福。

漫步黃的幸福思考

前面講解了不同哲學家的幸福思想與觀點，如能找到合適自己的路徑去努力實踐，已經能受用終生。當你能有效應用其中思想去靠近幸福，把人生中高低起落曲線往上抬升，減低下沉時的痛苦沖擊，幸福感知會有很大的改善與提升。把幸福思想應用在實際生活當中，我有幾個想法跟大家去思考討論。

擺脫限制

我們都了解到眞實的世界有各種限制，單是時間因素已經是無法突破，所以如何認識限制，並解脫限制去過生活，是非常重要的步驟。

不倒意志

被拋棄而受傷害，被不可抗力的變化傷害，被自己及別人愚蠢與憤怒傷害，遇上非預期的變化，都需要有強大的意志去走出困難與傷害。

用心生活

捨棄生活去追求幸福，其實也是緣木求魚。腳踏實地的生活，每天找到一點點的樂子，考慮生活水準的可持續性作合適安排。

感知幸福

人生不用苦苦的不斷追求，重視每天生活中帶來的幸福感知，感知已擁有的一切，平衡慾望的需要與滿足感，最終能把你是否幸福的問題也一併忘記，就是幸福的狀態了。

這些思考不是全都爲無中生有，而是受前述不同的幸福哲學所影響，我思考幸福的命題很久之後才發現，原來我的很多想法前人早已想過，而且想得很透徹。但有些時候在應用之時，仍要考慮實際生活的限制與影響，更好的運用思想的力量去改善自己的眞實生活。

擺脫限制

了解人生中的限制，放棄不必要的抵抗，保留能量給自己做更多有趣或自己最想做的事。即使在逆境，即使遇上不能改變的困難與痛苦，也不要忘掉你仍有靠近幸福的權利。人生中的限制條件不斷變動，多麼健康壯碩的體魄都會有衰老的一天，多厲害的競賽者也有退役的一天，然後可以是迷失的開始，又或者是新的人生事業的開始。

再偉大的遠大理想，都有被完成的一天，那麼，你新的意義何在？

再厲害的功績，也有被世界遺忘的一天，那麼你努力的意義何在？

再健康的身體，也有老化與衰退的一天，那麼你還能老後感知幸福嗎？

失去財富，失去體面，失去健康，失去關係，還可以靠近幸福嗎？

除了你自己，沒有人可以剝削你選擇靠近幸福的權利！

如果你的生活遇上挑戰或阻力，爲什麼一定要感到痛苦，而不是能樂在其中或者至少適應其中，讓自己心理上加深痛苦有什麼價值？究竟你有什麼選擇，還是你已經做出選擇，只是你仍在向自己抱怨？你忘記了這是你選擇的結果，要麼再次改變選擇，要麼更好的接受現在的選擇，最少能減少因抱怨帶來的壞情緒。了解人生不同的限制條件，安放好那些限制才能心安。心理學中對付恐懼的手段，不外是限制焦慮的持續性或關注度，或是增加對所恐懼事物的曝露與接觸，直至這個難以躲避的事物，不再成爲你生命中的心理負擔或威脅，或者最少，你能跟這種恐懼與不安好好相處，而不是被其支配已經很好了。

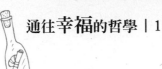

幸福與時間的長河

我們要了解幸福是一種持續的感知，不是達成某一事物就永久到達了幸福的彼岸，人們只會在追求幸福的路上，卻不會有一個幸福的終點站，因爲眞實的人生不會停止在某一感覺或時刻。生活的現實不一定能改變，但是否仍有幸福感知，這一切在乎於選擇，千萬不要忘記了活著的人都有選擇的權利。退一萬步來說，就算已經無法選擇，已經去到不能保有最後尊嚴的境地，在精神層面，我們仍可以選擇態度，能降低痛苦的感知，也是已經往幸福靠近了，這也是一種選擇。對更多人而言，生活遠離極端痛苦，卻對已經擁有的一切視而不見，只想不斷追逐自己得不到的，在無盡慾望所苦下，一直無法自在，就算擁有幸福的條件，也不可能感覺到幸福。所以靠近幸福不單純是達到了某些條件，更在於你心裡的感知。

試想像，如果人類最終進化成另一個物種，今天以及過往歷史上所有人的功績及影響，在那遙遠的未來都只會完全被遺忘。再想想我們最遠古的祖先，也許只是海洋生物，再往上追溯更成了簡單的有機體。你會不會覺得跟他們有什麼連繫？他們也不會認識你，再者你也未必有興趣認識他。兩者之間沒有什麼感情的交集與意識上的連繫。即使親如父母與子女，除了血緣以外，若成長中沒有感情的連繫，關係也可以非常疏離。你跟遙遠未來的人類或新物種，可以有多大的連繫？過度共情甚而把自己弄得情緒低落有沒有必要性？

宇宙的時間雖然可以往前追溯一百多億年，再延伸到近乎無限的未來，然後人類已經不再是人類，可能消失了，可能進化成另一物種，甚至變成了無機但有意識的機器。身處現世的人，能獲得最大的意義來源，也不過是做現世的事。考慮子孫後代的福祉，推崇可持續的發展方式，當然是好事。過度關注極度遙遠的未來，甚而苦思宇宙及人類的終點，除了科學上的了解，在情感上生活上並沒有什麼益處，多關注如何過你的人生才是最重要。要靠近幸福，就要明白在時間長河中，人生的限制性，然後作出生活上所關心的事物的取捨，做自己當下認爲有價值的事，就是一步一步靠近幸福。

不對稱的時間感知

已經過去的時間，有時候自己回想起來時感覺就像一閃而過，一切事物好像一瞬間就發生了。那些未來的時間，總要一步一步的走下去，有時候卻會感到相當漫長。與年長者聊天，往事總如煙似的就發生並遠去了。與年輕者聊天，未來的世界卻似乎有點遙遠與難以觸摸，當然眞實的感覺是因人而異。我們不能無理要求一位年輕者與年長者對時間有相同的感知。

對於幸福，當你感到已經過了人生的大部分，剩下的時間越來越少，眞的可能產生了風燭殘年的感嘆，那麼人會否隨年紀越來越遠離幸福，這卻並不定。當你看到一長一短的兩支蠟燭，會否感嘆短的那一支快將熄滅，蠟燭長度不夠就已經沒什麼價值了？還是可以換一個角度去看，那支蠟燭雖短，卻還是一樣的在發光發亮啊，這不是很好了嗎！如何面對一去不回的時間，是一個重要的幸福題目，因爲沒有人的人生能逃避時間的限制，所以看事物的角度，決定了未來越來越有限的人生時間裡，生活之中的眞實幸福感知。就算你已達成所有夢想中的成就與目標，會否想問天再借幾百年，那麼幾百年之後呢？借到更多時間也許不錯，但到了再借不到之時，會否每一天都要陷於無盡痛苦？面對時間的限制，我們其實可以有所選擇，能在人生有限的時光中安心自處。

完美主義的限制

一張白紙，只要有一點污穢，就不再是潔白無瑕。一張黑紙，只要有一點點的白色，就像是漆黑中的光芒，或者是污泥中的一朵蓮花。要求永遠像白紙般的人生，不是很累嗎？就算你自己不會弄髒，難道別人就不可以在上面潑點墨，那你就不再完美，就不再有價值了嗎？半點污垢也容不下，這會否變成了背負了好人名聲的枷鎖。世間如果有這樣的人，不單要提防自己，還要處處提防別人會去弄污，每天也會活在焦慮之中。那麼旁邊那張黑紙實在是太便宜了，加多了幾點污垢都不怕，只要一點點留白就被讚許。這樣看，完美白紙的執著是否有點不智？只要人生的時間夠長，世界根本不會有完全潔白或完全黑漆一片的人生。接受不完美的自己，以及一切以往不完美的人生軌跡，對已過去的事再多的後悔只會毀掉你的現在。往善的方向追求故然是好的，不斷的去完善自己，不執著於已經過去了的錯誤與污垢，把握仍可把握的當下與未來，會否是更智慧的選擇？

深藏的人性

有些意識既然都已經深藏，爲什麼還想要消滅？你不累嗎？不少人心底也許會有一定負面或不太合乎禮教標準的想法存在，如果你沒有，當然就是沒有。如果你有，這也是正常與自然的，不要因此貶低自己。好像比較的心理、想獲得關注的心理，人是社會性的生物，無可避免在原廠設定的意識中藏有此等念頭。念頭本身不一定會引起負面問題，我們要做到的是控制這些本能念頭對我們個人，以及對他人可能產生的傷害，這就已經足夠了。比如不因比較而產生嫉妒想法而傷害他人，轉化爲我也要好好努力的想法。

心理學中有一個白熊實驗，要求參與者一定時間內不要聯想到白熊這一具體事物，這批參與者聯想到白熊的次數反而比沒有禁制指令的對照組高。你越想壓制的東西往往越常出現在腦海，反而讓其自然存在，漸漸會減少想起。一切嘗試完全克制人類自然本性的做法都是徒勞無功的，你可能在某一刻猛然大徹大悟，下一刻卻又再回歸到原本的狀態。但我們可以調節及控制自我的行爲，不被一些想法所支配，能做到這一步這已經相當不容易。了解各種潛意識與念頭的存在，與之和平共存，這中間的關鍵是自律與修養，做決策時不受內在意識支配，不要被其影響到生活做成重大代價。

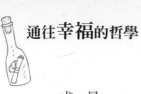

物質的需要與限制

獨立的人格其實也需要物質的支援，關鍵視乎你是否能夠支配物質，還是被物質支配。擁有品味與講究，對居所、對飲食、對生活中的細節有所要求，是很自然的慾望，重點是在資源多與少時能收放自如，而即使豐裕也可以選擇簡單的生活，而不用被名位所困而失去了眞我。缺乏物質明顯會帶來痛苦。痛苦來自於想要的物質以及相應的地位，卻求之不得。我們要分辨需要與慾望，個人需要基本水與食物，最基本能擋風遮雨的安全居所，生存基本資源與最低的安全感需要。露宿街頭隨時被搶劫，當生存成了唯一考慮，比如需要露宿街頭還要冒隨時被搶劫的風險，是否幸福已經不再重要。要滿足可持續性的資源需要，比如組建家庭、養育下一代，需要有基本的醫療及教育服務，這就需要滿足當時社會所需的基本資源條件，擁有支持家庭必要開銷的收入水平，以獲得必要的物質資源基礎。

我們了解到預期與現實落差與幸福感有巨大的關係，如果一直貧窮卻突然變富裕，人可以很快便適應新的生活狀態。可是如果再次由富裕轉回貧困，相比於一直處於貧困的狀態，前者往往有強烈的痛苦感，難以繼續如常生活，亦需要較長的時間調整。如果多次努力地成功突破困境，卻又多次被打回原地，很可能徹底喪失意志，失去對外間事物的一切反應，變成行屍走肉，就算明明見到大好機會在眼前，也不會再有所行動，因爲已經完全失去動能與意志了。所以平時先作出思想上的防禦，準備好無常的結果，也準備好被打擊的情況，在順景時不要過度鋪張，才能降低生活一旦走下坡時的落差與沖擊。能夠管理好落差的焦慮，就能更好的全力拼搏，因爲沒什麼結果是不能接受的。

許多偉大哲學家要不是家財遺產豐厚，不用爲錢去工作，就是有人供養或施贈，無需爲每天的生活發愁。如要承擔全家生活的重擔很自然會令人透不過氣，這亦解釋了爲什麼部分哲學家的觀點有時稍爲不接地氣，對普通人而言要實踐並不容易。卽使貧困潦倒的思考者，若不是自己耗上心力時間去獲得生活所需，也要人接濟才能生活下去。沒有最低限度的物資支持，再偉大的理念也無法在人間傳承。簡單生活，是一種態度。當嚴重缺乏物質支持，生活也會變得很困難，單靠內在思想這一途徑去獲取得幸福感並不容易，需要有很強大的內心去支撐，這不是多數人可以做到的。很多時候滿足生活需要，並不需要那麼多的追求。如果是出於比較性、社會性的需要，求之不得而痛苦，就是被物質支配。能夠擺脫物質的支配，才能把幸福的主動權拿回自己手中。

體面的奴隸

你有沒有受到世俗價値觀影響，扭曲到你內心的方向舵，用上了一生的時間航向了錯誤的地方，達成了所謂的目標，成了一個體面的人，卻反而感到困惑與痛苦迷茫，而不是成功的喜悅？許多人內心中最眞實的願望只是簡簡單單的好好過日子，然而你有沒有認眞想過，你其實有能力更好的改變及影響身邊更多的人和事，更好的感知每天的幸福元素。令自己與周圍的人更愉悅，令簡單的人生有更多的色彩與更多的經歷。一切往往只是由改變內心的一個想法開始，如何決定人生方向，這是一個非常重要的人生幸福問題，千萬不要輕輕帶過。

在光鮮的外表與高品質的物質生活包裝下，很多人不了解爲了獲得那種體面的生活，背後所付出的代價與痛苦。除了少數有祖輩餘蔭，又或少數身處福利社會或靠別人的努力而能過上自由生活的寄生人群，多數的人都要靠自己的努力與打拼才能過上好日子。然而對不少人而言，眞正的壓力不純粹在解決生存本身，而是如何體面生活，至少在同輩對照組中沒有嚴重落後。支持家人過上體面生活，可以成爲社會中等收入以至高收入者的巨大的重擔，成爲不幸福的來源。如果說簡單地降低生活質量就行了，其實是不了解問題的本質。

如果以家庭作爲考慮，生活費用大項涉及房子及子女學校及活動費用，一旦提升了生活水準，再降回去就會產生巨大的痛苦，因爲生活上的落差衝擊可能會產生一些永久性的傷害，比如舉家搬遷至小房子甚至因不再交得起學費子女需轉校重新適應新環境，沒有太多人在條件許可下想讓下一代承受這種環境劇變的痛苦，這亦可能引致家庭出現巨大的矛盾甚至瓦解。主要資源提供者如果能支持下去的，多會用盡方法撐下去，甚至不惜透支自己。因爲一旦停止努力，就沒有足夠的收入支持目前的生活狀態，因此必須永無止境的持續工作，不能好好休息，不能生病，不能放下無盡的焦慮。因爲自己一旦停下來，可能失去了高收入，失去擁有社會光環的工作職位，繼而很多已建立的關係就可能隨之崩解。被體面的枷鎖束縛，身心都是不自由的，而且還看不到終點在哪裡。生活中的興趣越來越少，走過書店也沒什麼動力去翻書，工作以外累得連話都不想多說，腦海中只有那些自己知道下個月必須支付的帳單。與親人的關心互動也越來越少。花盡力氣供養子女過上好的生活，卻因爲成長中缺乏參與，子女與自己越來越疏離，每天身心營役卻成了家庭中除了提供金錢以外可有可無之人，幸福從何談起？

如果在有選擇的情況下，一開始便以自己能穩定支撐的水準去生活，再漸漸按情況提升，當然是最好。但很多時候人早已陷於泥淖之中，動彈不得，而自己在苦苦支撐持的是自己認爲最重要的事，說放棄哪有這麼容易？如果你擁有能理解自己的家人，能彈性調節生活的狀態，適量降低一下背負，眞的可能以改變到目前的困境，而且總體代價是可控的。但不是什麼人都有這樣的選擇，這種時候多會繼續咬牙堅持到自己撐不下去的那一天。若然最終倒下了，因爲已經傾盡全力，也會原諒自己的無能爲力。

希臘神話中，薛西弗斯曾是一位國王，因爲觸怒衆神而被懲罰，他永遠要往上山推一顆大石頭，而每當他傾盡全力地把石頭推上山頂後，石頭就會再次滾落山底，他必須回山底再一次將石頭推上山。很多人的眞實人生，過得就像薛西弗斯這樣，日復一日無止境自我奴役，那石頭不就像我們每月必須做的事及要支付的各種費用？你每月要傾盡全力才能完成任務，好不容易完成了，然後下個月的各種任務與工作指標又來了，一些人的眞實生活沒有比薛西弗斯推石頭好多少。神話中沒有說明薛西弗斯在推石頭時的心境，但對多數人而言，因爲看不到終點在哪裡，一定是非常痛苦與絕望。

那麼有沒有可能薛西弗斯在推的過程，可以稍爲調節心境變得雖苦亦樂？雖然推大石時眞的很累，而且也沒有終點可言。有沒有可能他一邊推石頭時，邊吃點自己喜歡的零食？又或三不五時不斷轉過頭來欣賞山下的風景？那麼，他在如此勞累之中，也許會感受到一點點的甘甜，對絕大多數人而言，增加生活中的快樂元素是可以透過選擇而去獲得的。

即使你不需要面對薛西弗斯的困境，可是地位、名聲、人際關係、愛與被愛，這些追求往往是很難得到滿足的，也非個人能完全控制。人生中能找到一個伴侶已經不易，能找到一個心靈契合的，是難上加難。湊合過日子的人比比皆是，互相討厭對方，卻因各種原因無法離開，雙生雙煞，這種生活狀態也是大有人在。即使你決策再精明，怎樣去小心行事，在眞實需要不斷向前走的人生之中，總需要接受各種非預期的變化與挑戰，我們無法去完全控制外在不確定的因素。

如果一個人需要被大量關注才能感到幸福，比如一些明星及意見領袖等，失去關注及地位之時往往就會感到巨大痛苦，那麼完全不與外界交集就是最好的？如果你深愛一人卻不被愛，是一種痛苦，你被一個人所愛，卻不能接納，是否也是一種痛苦？那麼是否什麼也不追求，選擇無愛，因爲無人可傷，就可以遠離痛苦？無所作爲，這眞的是最高境界嗎？是否還有另一個選擇，有所作爲後，願意接受結果，卻不被結果所束縛，保有自己的人格？如果絕對的無爲是一條毫無波瀾的橫線，各種因追求而產生的心理波動都是上跳下墜的波浪形，只要我們能消減下墜時的沖擊，享受上升時的快樂，甜酸苦辣有滋有味的生活，比起一條橫線，可能更能靠近幸福。要明白，不一定要完全消除痛苦才能得樂，樂中有苦，苦中有樂，也可以是有趣味的人生。受人關注、擁有體面與成就本身不是壞事，只要不因追求體面而把幸福限制在牢籠之中就好了。

了解限制本身，才能更好掌握目前我們要面對的各種困難的本質，繼而找出最佳的解決或緩解問題的方式，自限制之中解脫。不是任何問題都要找到答案或處理方式，才能自限制中解脫，而是身處困難，也能找到令自己感到快樂與幸福的事，這也是一種應對的方式，不要忘記了在任何處境下你也有靠近幸福的權利。

不倒意志

身處世間哪有事事如意的？我總是很喜歡放一個小不倒翁在自己的桌子上。人生中被打倒被挫敗，這也很正常，能擁有不倒的意志，就能控制失敗與痛苦的傷害，對個人的幸福感有很大的影響。面對痛苦、被拋下、與相愛的人分離、犯錯並被懲罰等都可以重擊我們，若是擁有不倒的意志，就可以在被打倒後更快站起來。

面對痛苦與恐懼

遇上痛苦與困難而無可逃避之時，可以選擇應對的態度。痛苦，是眞的會感到痛楚啊，別以爲可以沒有感覺，不要幻想用意志力就可以無感。不作不必要的無謂抵抗，認知其存在並接受，是所有選擇中額外副作用最少的選項，這也是限制條件下最靠近幸福的選項。痛苦也是人生的一部分。始終人生不可能只有甜味，有時候想把苦說成甜，連自己都不相信，有什麼意義？苦就是苦，就這樣了。在人間的每一天，總要走下去，一步一步的走下去，直到退場的那一天，能減少不必要的心理負擔，已經是在困難中以最大力度的去靠近幸福。

人生中對生與死潛意識中的恐懼，有時大到可以直接破壞生活幸福感的程度。我在大學入學前的暑假中，有段毫無壓力與背負的輕鬆時光。有一次我跟朋友坐船去離島爬山，在海邊看到那美麗的島嶼與藍天，卻想到了眼前的景物不可能永恆存在，身處的星球也會有消失的一天，心中感到一絲淡淡的不安與痛苦，好像天空的藍色也被灰暗遮蔽。這種痛苦是無解的，當時的處理方法只能把這種不安先放一旁，繼續如常生活，但心底始終無法完全擺脫這種恐懼。這種想法在日後某些順境的日子中，出外去旅行遇上美景後偶然也會出現，忽然去感嘆萬物無常絕對是大煞風景。

只有當某一天你能安放好內心最深層的生死恐懼，見山才是山，見水才是水，才能自在地生活。為什麼人會恐懼死亡？也許是因為有所牽掛、也許是因為覺得自己未曾好好的活過、又或者是恐懼個人形體以及自我意識的消逝？也有可能是因為生活得太舒心太自在了，留戀人間的美好，很想一直能夠永續的活下去？人生中有一件非常荒謬的事情，就是我們在孩童至青年時期已經能感知到死亡的確實存在，卻完全無能為力，不能改變這一必然，卻又是異常公平的個體生命終點。而且許多人還要帶著這明知無可逃避的死亡恐懼，繼續生活數十年。怕死是人之常情，思考生死是哲學的永恆命題，希望自我在世界存在更久是正常的追求，但恐懼本身只能損害我們的生活，而不可能令生活更美好，學習跟恐懼共存甚至能安放好恐懼，能夠大大影響生活中的幸福感知。

如果某一天你的人生背負的重擔大到完全壓垮日常快樂，日復一日永無止境的奴役自己，卻沒有人給你鮮花與讚賞。因為別人都認為這是你應盡的任務，你活該如是，因為這是你自己選擇的人生。你還不可以向任何人抱怨，因爲只會招到四面八方各種的反彈，活該的人有什麼資格抱怨？爲了應盡的責任需要竭盡全力的工作，日復一日永無止境的消耗自己，卻沒有人憐憫你的痛苦，無法期待任何有力的實質支持，甚至花光所有力氣的生活只換來別人心底的笑話與冷眼旁觀。

想像一下這種生活狀態，生存下去都不容易，沒有太多關於永恆及生死的問題還需要去恐懼，因爲即使你已經很痛苦還要想辦法繳交下月的各種帳單。你盡一切努力的意義似乎已經被否定了，也許過得比薛西弗斯更慘，因爲他只需安靜地自己搬石頭，你搬石頭時還可能被辱罵，身心同時受折磨。只要你體驗到生活中的各種艱難與辛苦，很自然的就會消除或減弱那遙遠的個體消亡的恐懼，成年後背負家庭壓力的朋友也許會身有同感。可是減弱了恐懼還不等於變幸福了，你還要思考如何活得更好，離苦之後還是要得樂才行。當你在現實中被無情的生活重擊，倒下去一次又一次後，還在努力的站起來生活下去，沒什麼好怕，拿出最大的勇氣去好好生活下去，你就是經過眞實歷練的自由人了。

人間的痛苦有太多種類，病痛可以非常折磨，對疾病的恐懼也是另一種折磨。除了身體上的痛苦，戰爭與天災可以是巨大的外部破壞，群體迫害更可怕，因爲不只是破壞，連作爲一個人的資格也可以被剝削。可以隨時隨地被虐待折磨，身心俱殘，成爲頭也不敢抬起來的行屍走肉。動物間生存競爭只是簡單吃與被吃，人類間生存競爭還要先加上一個理直氣壯的理由，還要慢慢破壞被吃者的身心，這種恐怖情形在歷史上不同世代不同地方不斷上演。社會有序時很難理解社會無序的情形，昇平時期很難了解戰亂饑荒時期朝不保夕的慘況。極端貧窮也是非常痛苦，貧窮會產生各種的限制，身處高溫或極端寒冷的環境若然缺乏生存需要的物資，過熱中暑或低溫受凍都足以影響生存，蚊蟲的各種侵擾，連安睡也成了奢侈。食物可能有一頓沒一頓，因爲營養不良而站立不穩容易昏倒，且一旦生病可能失去支撐溫飽的最後一點收入。當生存已經花光所有力氣，生活中的盼望只是奢侈。所謂地獄，其實並不遙遠，根本就在人間。

哲學能改善自我的幸福認知，卻無法改變他人行爲與社會環境產生的痛苦。如果社會總體資源充足，行善者衆，很多良好的想法都會產生好的結果。但如果身處自利主導的社會環境，充滿個人利益計算，以怨報德的社會，你的過度善良及共情就會被人利用，甚至因此受到傷害。古代猶太長老希勒爾說了一句很有睿智的話：「如果我不爲自己，誰人爲我？如果只爲自己，我又是什麼？」保護自己與不傷害他者並沒有矛盾，不要淪爲善意的奴隸。我們無論有多高的個人哲學水準，也無法阻止他者製造痛苦與傷害，所以若果善意哲學的種子能在社會普及，大衆日常要受到的外部痛苦衝擊就會減少，爲善者衆互相正向影響，幸福感自然能有所提升。

當你生活在平靜的社會環境，甚至養尊處優豐衣足食，卻爲思考永恆的痛苦難題而沮喪抑鬱，可能是因爲你不了解，原來你身處的舒適環境不是永恆常態，你遠離了人間地獄，卻無法感知當中的幸福成分，把來之不易的幸福視爲必然。一些物質生活充足的人，恐懼與痛苦本質是源於生活得太輕鬆、太沒重量了，拿些有重量的擔子在身上試試看，不夠再加重一點，一直加至自己快走不動的時候才停止，感覺一下人生的重量，感受一下負重前行的體驗，未必無益。

生活不定一那麼可愛，離別也不一定需要過度恐懼。但再往下想，如果連最深層的死亡恐懼也沒有那麼恐怖，被任何人否定也不要緊，那麼生活爲什麼不能有選擇地去好好的有感知的過？生活還有什麼需要恐懼？當你安放好死亡恐懼，其實也已經安放好生活上大多數的恐懼，遇什麼事情再沒什麼大不了。這一態度能大大減少日常焦慮並省下不斷糾纏於無解痛苦難題的力氣，把自己解放出來，能脫下各種困擾糾纏自在去活的日子，就是人間好日子。

關於別離

有感情的親友要離開，傷心是很自然的事，但最重要的是，他們眞正期望的是什麼？不少父母長輩對孩子最簡單的希望多只是孩子能平安健康，快樂地長大就好了。子女成年後則希望其能好好生活，最好能建立自己的家庭，一代又一代的傳承。懷念先輩，是很好的事，已離去的人會繼續活在後人的記憶之中。重點是生活還得繼續，還要好好過，因爲這才是父母長輩的眞正期許。

孩子到了一定的年齡可能就會了解到生死相關的議題，有恐怖或不安之感覺也是人之常情。重點要是了解到，人生的過程中生老病死是很自然的事，而在生命的長河中，你不是孤單一人，而是承先啟後，即使是單身生活者，啟後也包括各種後輩與生徒的連結。在這各種的連結中，我們來到這個世界，先離開者不是消失了，因爲還有後輩在傳承。而後輩眞正要做的事，是好好活著，好好過日子，在一些時間與日子思念先人已足安慰，如果因爲別離的痛苦影響到後輩的生活狀態，甚至變成自我凋零，決非先輩的願望。所以傷心是正常的，傷心過度則有違先輩良好的意願，他們都想你好好活著，而好好活著本身已是一種孝敬與報答。

被拋下的痛苦

如果是一些短期性質的工作，合作共事的人多是在簡單關係下好聚好散。因爲大家的付出與收獲都是簡單明確，喜歡的就做，不喜歡就走了，新人來了又走了也是自然平常，沒有太多痛苦與否定的影響。面試落選很平常，除了要思考自己可以改進的地方，也要認識到這不一定等於被否定，可能只是不合適。我曾聽過人力顧問說過，一些中小機構比較喜歡請背景一般、能力剛好的人，因爲他們轉職的可能性較低，平凡者不等於無優點。我亦非常慶幸人生中許多次的面試失敗，讓我沒有走上那些安穩的職位，若沒有挑戰與歷鍊，我就不會是今天的這個喜愛漫步的思考者了。

如果一位工齡較長的員工突然被辭退，往往感到非常痛苦，因爲感覺被公司遺棄與出賣了。自己多年的工作沒功勞也有苦勞，沒苦勞也都花上了寶貴的青春，感覺自己被完全否定了。這種痛苦有時混合了尊嚴喪失的打擊，有機會演變成憤怒或沮喪抑鬱。但問題是，憤怒或沮喪本身無助於解決問題，只會毀了自己的生活狀態。爲什麼不當作是給自己放一個假期，可以思考重整未來的路？重要的不是能否找回相同或更好的工作，因爲這部分不由你可控制。重要的是你的生活可以繼續走下去，因爲這部分你可以控制。就算你的能力不再被某些人認同，你可以轉到其他可以發揮能力的地方。也許收入下降了，維持不了原有的生活水準，壓力大得睡不好。但是只要繼續走下去，你就會漸漸適應變化，只要走下去，就可能找到新的機緣。得失之間，有得必有失，有失必有得，比如得到久違的時間與閒暇，比如得到改變的機緣，調整一下再出發！

在感情關係中，如果關係破裂，被拋下的一方多會感到比較痛苦。但有沒有想過，其實兩個人若然眞的不合適，勉強下去只會兩個人都很痛苦。這不代表你不好，你投注在關係上的一切資源與心力都被否定了，但這可能是你們眞的不合適，這世界很奇怪，很爛的人都有人愛，潔身自好勇於承擔的人卻可能會落到成爲孤家寡人。你要遇到更多的人，才能知道什麼人可能是合適的，如果你不打開自己的世界，你的世界就會只剩眼前的那棵樹，因爲這是你唯一的選擇。如果你的世界早已樹木環繞，前腳剛離開，可能不久就有新機緣到來，不但沒有傷感，可能還感激自己又獲得自由了。認爲不合適因而選擇分開，比勉強的把兩個人綁在一起互相折磨往往更合適，沒有必要執著於誰對誰錯，執著有時候是一種二次傷害，放過別人其實是爲了放過自己，放下舊的包袱，才能輕鬆的往前走下去。一個人也可以先好好的過，先打開你內心的枷鎖，提升自己的身心、能力，耐心等待新的緣分，這個只會有得益，沒有損失。請切記，是否去靠近幸福是一種選擇，而選擇權一直握在你自己手中。

感情中亦要小心螺旋式情感投放產生的傷害，比如對一個人產生好感，想討好這對象於是開始不斷的付出。漸漸地，可能產生強烈的情感觸動，認爲不計較的付出這就是純粹和最偉大的愛。可是當一個人自我沉醉於付出，感觸不斷加強，投放越來越多，甚至想到承受的委屈與隱忍就禁不住流淚，很可能已經陷入不能自拔的階段。眞正的無所謂應該是收放自如，並不害怕失去與失落。生活中並不如意的人，會有更大機會去追尋刺激的傾向，這有助轉移自己對不如意事物的注意，情感上的痛苦其實也是一種強烈刺激的感覺，有一些深陷其中的人會漸漸對這種刺激發展出成癮行爲。有一些更嚴重的會出現被虐或自虐傾向，更多時候不是出現物理上的傷害，而是出現在心理上的傷害。當局者迷，一旦深陷其中，並不易解脫出來。

擁有良好互動的愛情，應該是一加一大於二，而且雙方生活都一起變好，而不是以一個人的徹底犧牲去成就另一個人，或者把愛建築在另一人的痛苦之上。單向的付出而沒有正回饋，都是不可能達至雙向正回饋的，繼續下去，與幸福的距離就會越來越遠了。

失去能力的痛苦

有一些人一生中都在爲別人服務，不斷的承擔更多的責任，想做更多的貢獻，能自己做到的事絕對不假手於人。對這類爲別人服務的人生，最大的痛苦就是由照顧者或提供者，變成被人照顧或被施予者，甚而失去了自立的能力需要被別人照顧。當年齡漸長，越來越易出現各種病痛，有時即使用上最大的意志也無法克服或完全復原，必須要放下原本的工作，無法好好的擔當一個照顧者。嚴重者甚至生活不能自理而要他人照顧。對原本是擔當照顧者的人，因爲身分與認同的喪失，心理落差巨大，遇上這種情況反而比那些平時混日子得過且過的人備感痛苦。

要了解到人生不是只有施予，也可以選擇接受，接受他人的幫助不是原罪，是你努力一生後應獲得的尊重，放下必須要付出的執念，接受身邊人的好意，其實也是助自己也助身邊關心自己的人靠近幸福的選擇。施予的人有福氣，接受的人也有福氣，只要不執著，就可以發現生命還可以有其他的色彩。

人生中有所捨就也會有所得，應用捨得的智慧，就是在困難中靠近幸福的大智慧。

被愚蠢所傷害

自己做了錯誤的決定，引起了重大的損失，又或深思熟慮作決策，卻遇上不可抗力的因素變化而失敗收場，都會令人很難過。有時候，當不如預期的結果出現時，會出現巨大的憤怒感，這種感覺有時眞像被五雷轟頂，這是非常危險的時間，因爲很容易因爲憤怒而對自己及身邊的人產生二次傷害。你可以找一些傷害最少的方式去發洩，比如去跑步，又或爬到附近山上大喊，該哭的時候哭出來。

有時候，身邊的人做了愚蠢的事卻引致自己受到較大損失，這些時候同樣非常危險，因爲你很容易對那個人作出強烈的發洩，而最終也可能對自己產生二次傷害。因爲對方理虧，正常的負面表達不一定有太多反彈，但當烈度不斷上升，事態就可能突然螺旋式上升，形成極端的對立，並有可能產生意想不到的後果。比如夫妻之間有時吵架其實很平常，觸發點可能只是一件不大不小的事，如把活動的門票訂錯、旅行的安排失當了、花了錢在一些沒有用過或沒法使用的服務或產品，純粹是浪費與招致淨損失，有時候犯錯的一方就會被責難。而犯錯者因爲可能是主要責任承擔者，花了心力卻弄錯了，自己惱羞成怒，大吵大鬧，這時就一發不可收拾。

人有時會因爲一些非常微小的事而不快樂，比如剛到車站，看著某班次的交通工具先走了，要多花很多等待的時間。買了一個內裡壞掉的水果，或者外賣餐盒內的口味不對勁，又或者某一個電器過了保養期不久就壞了，也可能是忘記繳交費用引起一點額外罰款。這些一次性又傷害性不大的事情，卻可能影響了一天的心情。學會建立一定的心理緩衝，包容這些難以完全避免的小問題，日子就會過得更舒心。很多時候這種金錢上的損失不算是鉅額損失，但引起的感覺卻很不好。因爲錢或時間是白白浪費了，卻什麼都沒有得到。這種損失的感覺往往很強烈，因爲這完全是非預期的損失。解決的方法可以考慮建立一定的日常損失心理預算。比如按自己的收入某部分作準備金，當自己或身邊的人出現一些愚蠢卻偶然的錯誤時，用這份預算內的錢埋單，那心理上的痛苦就會大大減少，因爲這由非預期的淨損失變成了預期內的損失了。生活哪有事事如意，偶爾買錯弄錯不是很正常嗎？感到痛苦的是你認爲事情與消費沒有沿你設想的方式進行，不能接受意料之外的結果。如果把意料之外的損失，變成意料之內，生活就會順滑很多。

想像一下預先安排好的美好假期計劃，到達後卻發現自己的預約原來是沒有被確認的，以爲已經預訂好的酒店卻已經沒房間了，只能到附近找水平差很遠的住宿，心情一下就盪到谷底了，這旅行會是什麼狀態？旅行的問題還好，只是一次性的影響。人生中有一些矛盾可以很尖銳，而且難以取捨。比如平日操持家庭的那個人愛上了投機，用上賭博的方式，不斷犯錯交學費，就像家中安裝了碎紙機那樣粉碎了家中的儲蓄，直至她伸手要求增資去塡補融資，才知道虧大出事了，當場感到五雷轟頂。又比如親人由喜愛購物變成了購物狂，欠下一定債務後才告訴你，然後說你自己沒花過錢嗎？生活沒壓力就不用購物，這些不是應該替其埋單嗎？

痛苦的不是那些錢那麼簡單，而是矛盾本身，那個操勞的人本來就是該好好對待，那個購物狂本來該好好去愛，爲什麼會變成這個樣子？如果認爲轉身離開並不是當前的選項，是要默然承擔痛苦直至無法繼續，還是要嘗試用盡力量去改變一個很可能不能改變的人，沒有人可以提供答案。看看自己還能做什麼，盡力而爲而即可。你不放手的眞正原因，是因爲你想做到無愧於己，其實最終結果就算明知難以改變卻不是最重要的，因爲你要做到的是問心無愧，不再怕任何外人的閒言，不再怕自己內心的追問，這就可以了。

自己的錯誤要自己埋單也許不好意思抱怨太多，可是別人的錯誤要以自己的痛苦埋單也並不罕見，有時甚至會引起災難式的後果。試著想像一個情景，一艘船以繩纜繫上另一艘船一起航行，不幸的是後面連結在一起的船正在進水下沉，而且已經因爲進水太多不可避免沉沒，如果沒有立即行動，你的船也必定會被拖累而一起沉沒。你只有兩個選擇，自己活下去，還是選擇一起沉沒。從哲學觀點去看，能多救一個人而不會令他人受額外傷害，就應該去救，而這個被救的人就是你自己。

人生中有很多連繫，工作、感情就像一條又一條的繩纜，很多時候我們受惠於這種連結。但在某些情況下，當被拖累得不能再繼續之時，你必須要當機立斷去拯救那一個人，那就是你自己。如果這是給自己能走下去的必要選擇，請考慮先行斷開繩纜，再去嘗試尋找其他對他者的可行幫助。因爲多一個人被毀滅對世界沒有幫助。選擇好好的活下去，才可能繼續發揮承載能力，遇上新機緣，重建不同的連結。

曾經聽過，做生意達到相當規模的經營者，當生意走下坡一段時間後，已經明確不能繼續經營下去，卻無法放下自己創立的事業，向所有可以借到錢的親友以高額利率的承諾借鉅額款項，最後由一家企業的虧損，變成了許多家庭同時被拖累，不但最終結果沒有改變，卻因爲一己執念而導致負面影響溢出到無辜的他者，這是不幸卻並不罕見的情況。

我們人生中的那些人際關係與工作連繫非常複雜，尤其涉及利益關係時，予人幫助雪中送炭是個人的美德，但切記量力而爲之。要記住，在任何時候要認識到自己有選擇的權利，沉著應對與學會取捨有時非常必要。

不倒精神的核心，是在某些時刻遇上各種事情的打擊，倒下去後仍可以再次站起來。有時候人生中就是某個點位你認爲過不下去，只要挺過了，卻發現事情也許會有意想不到的轉機，那些壞的情況與後果遠不如最初設想那麼差。在關鍵的時刻，不要逼自己往絕路中走，作出了超越自己極限的承載而崩潰，如此才能在未來之中走更遠的路。人生中在某些時刻被打倒，一時半刻站不起來很正常，就像短暫被擊倒的不倒翁，重點是倒下後可以彈回來。能夠彈回來的關鍵是建立思想中的韌性來應對挫折，改變思維可以提升對抗風險的深厚程度，很難被徹底擊倒。但萬一被巨大而不能承受的重擔拖累而無法回彈，你必須要適時決策調整，卸去不能承受的重量，才能在未來繼續站起來迎接未來生命中的各種挑戰，才能繼續承載到自己與身邊的人的幸福。

錯誤與懲罰

任何人的人生中總會犯上各種錯誤，有些錯誤要改過與修正很容易，有些錯誤非常沉重甚至無法復原。比如選錯大學的主修，選錯了工作，選擇了不合適的配偶，錯誤輕則損失了金錢，損失了時間，重則受累一生。那麼最好的解決之道是什麼都不決策，什麼也不爲嗎？雖然那就不會犯錯，但無所作爲本身不就是一種選擇與決策嗎？代價就是一事無成，自毀人生的一切可能。有些人喜歡把自己的決策交由他人代行，然後把所有錯誤的責任推得一乾二淨，其實你一開始也是主動選擇了代理人的決策，別以爲自己沒有責任。而主動決策者，總要承受無可逃避的責任，承擔一切後果，這個我深有體會。

在我所熟悉的金融領域，參與者往往要承受高烈度與高密度的錯誤與損失。每天都有各種不確定性發生，即使你擁有專業背景把數十年間的財經因果變化算無遺策，然而只須一個非常突然的非預期變化就可以令你蒙受巨大損失。只要你在市場中歷鍊久了，就會發現歷史與統計預判是用來被打破的。即使是那些全球大型公司的股份，也可以一年之內損失大半，一切都是無常的世界。在無常的世界待得夠久，就會明白想獲利與承擔風險是一個銀幣的兩面，完全無法逃避。

我有非常豐富的應對錯誤與承擔痛苦的經驗，犯錯不一定是由決策錯誤引起，即使你決策合乎理性，也可以因各種非預期的變化得出錯誤的結果。即使是全球頂尖的大型中央銀行，對世界經濟與通膨的中長期預測往往錯得離譜，因爲世界總有很多非預期的變化因素在發生，即使最好的量化模型及經濟分析師，也無法去準確預測未來。既然無法準確預測，身處其中就只有直面各種不確定性，無法完全躲避風險，這是一個極度無常的世界。更令人痛苦的是錯誤引起的負面影響可以是不斷纏繞的，因爲每天都有機會讓你採取行動中止損失，但中止損失後就會失去了後面反彈的機會，萬一你是正確的呢？就會形成糾結，內心在苦苦糾纏，有沒有行動都是一種決策，引起後面更大的結果必須由自己承擔。

面對不理想的結果，你很可能會自我懲罰，認爲自己必須吸取教訓。如果由重大的成功，再突然陷於重大的失敗，甚而反覆幾次最後仍失敗，強烈的自我懲罰往往導致自我認同受損，甚至尊嚴的喪失，極端者認爲自己的人生就是一個錯誤，就是一個笑話。而你心中預設的解決痛苦之條件，就是必然要等到錯誤被推翻，你的決策與判斷被證實是對的，你才能拿回尊嚴，這已經不再單純是金錢的問題。但若果從一開始的決策就是錯的呢？你就會困在自我懲罰的枷鎖中無法掙脫。爲什麼蒙受損失後，檢討好錯誤後，還要自繼續我懲罰，承受更大的苦果？這不是中了佛陀所說的第二枝箭，即事物產生的破壞及傷害以外，內心產生痛苦的二次傷害，這不是愚不可及嗎？

人生之中往往是當局者迷，當你認爲自己就應該要有好的結果，也要預期壞的結果也很可能發生。而當非預期結果發生時，你應該準備好應有的態度去面對，減低心理上的二次傷害。爲什麼有一些地區都設立破產相關的法律？因爲這是對失敗者的保護與救贖。如果一個人經商或投資失誤，累積起巨大的債務無法償還，終日借酒消愁自暴自棄，即使過了十年八載年仍然天天被追債，除了毀掉這個人未來的全部人生，對債權人而言也別無好處。破產重整的作用，是讓一個人在錯誤的懲罰中得到解脫，捱過一段時間的生活水平及可支配收入受限的懲罰後，就可以重過正常生活。如果教訓與懲罰已足夠，你能救一個人，而其他人沒有額外的損失，就應該有拯救的想法，這也是法律背後的哲學理念，以法律去保障失敗者，鼓勵商業嘗試與創新行爲。如果你失敗了，犯錯了，感到痛苦是很自然的反應，重要的是吸收了經驗以後，要學會從自我懲罰的枷鎖中解脫，即使錯誤的結果沒有改變，卻能重新感受到喜悅。

失敗對個人成長而言不一定是壞事，古老智慧說少年得志往往不是什麼好事，關鍵不在於年齡，而是在缺乏人生歷練下，因機會而得以超越自身承載的財富與能量，太輕易的成功很容易演變成自我膨脹，繼而失去平衡以及自我反思能力，也不能判斷客觀因素變化，埋下更大的失敗伏筆。挫敗，對一些人而言是純粹的痛苦，對一些人而言可能是一種祝福。即使你喜愛的是簡單平凡的日子，也難逃人生中各種不由我們投入與付出就可以控制的挫敗考驗。我們不一定要追求什麼卓越成就，但我們不應該放過完善自己的機會，當你不懼怕失敗，你就可以無所畏懼的應對人生中的風浪，變得從容自在。若然真的遇上極度困難的時刻，可以學習像樹木一樣會在秋冬先行落葉，只保留核心軀幹，挺過了冬天，當下一個春天到來時再次伸出枝葉去把握機會。擁有不懼怕失敗的態度，不被錯誤的結果過度傷害或懲罰自己，才能更好的去靠近幸福。

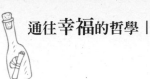

與自己和解

你還記得自己小時候的夢想是什麼？你還記得剛畢業時你所期待未來的人生會是怎樣？你想取得怎樣的成就，獲得多少人的尊敬，擁有多少的財富與物質水平，你有沒有想成爲父母親友的驕傲，是否想成爲他人口中那位有出息的孩子，你做到了嗎，現在過得幸福嗎？如果做不到，或者根本沒有夢想又怎樣，就會失去了擁有幸福的資格了嗎？

不要急著告訴別人你是怎樣想，請先了解你自己心底最深處是怎樣想。有沒有聽到一些別人的對話與知道某些事情後會突然感到不快？比如聽到別人怎樣厲害，工作與收入怎樣節節上升，別人父母怎樣在享福，子女在什麼名校就讀，因爲你心底眞的介意。如果你能完全處之泰然，並眞心欣賞別人，你已經成功地與自己和解了。如果你覺得那些說話在有意無意中還是覺得甚爲刺耳，那是因爲你尚未放下。你從未放下，那個想成爲某一種人生模樣的自己。

太宰治的《人間失格》爲什麼會在不同時空中有那麼多的讀者？因爲做

不到自己理想模樣的人遠比做得到的多。人活得最爛的狀態，不過就像太宰治故事中無賴的形象，人間失格，不復爲人。如果你在比較下發覺自己稍比人間失格的狀態好那麼一點，會否多了一點自我感覺良好的感知，慶幸自己還沒有完全失去了做人的資格？

人總是不會珍惜當下擁有的一切，只是在追求未曾擁有或者已經失去的事物，又或總想著那些無法實現的夢想。如果一旦被這種思想困擾，就會無法獲得快樂與自由，因爲你只會標籤自己是一個徹頭徹尾的失敗者，而失敗者就必須受到懲罰。而你的頹喪面貌，連自己都看不起的現狀，就是這一種懲罰。但你有沒有想過，幸福這一種東西，其實是存在於得失之間，如果你什麼都不想放棄，你就什麼都不能擁有。你遺忘了自己才是自己人生的主宰，你遺忘了自己擁有選擇的自由，你遺忘了自己擁有不要在乎別人眼光的權利。學會放下過去的執念，與自己和解，不需要成爲那一個理想的自己，只需做回那個眞實的自己。

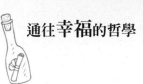

然後再想想，如何解脫那些思想上的束縛，更好的活在當下，一粥一飯，都有其自然應有的味道，人生不也是應有各種味道，何必如此執著與介意？但請切記，和解不是爲了接受一切命運安排而得過且過，和解是爲了讓自己重拾更多的可能，和解是爲了讓自己更幸福的過每一天。

活得有趣——感知生活中的味道與幸福

捨棄生活本身去追求幸福，其實也是緣木求魚。腳踏實地的去生活，考慮生活的可持續性，每天找到一點快樂的元素，就能更好的去感知生活中的幸福點滴。生命雖說是很短暫，但是每一天的眞實生活還是要一天又一天的去過，事實上也是十分漫長的體驗。無論你參透了哪一門的無上哲學，習得宇宙間的最大智慧，還是要每天的去吃飯睡覺。面壁冥想，餐風飲露，不食人間煙火的生活，其實多數人在生活中撐不了多少天。日復一日眞實生活的各種需要，是難以單純用思想去跳過，就能到達幸福的彼岸。

幸福的感知，與幸福的理念是難以分開的。沒有從生活中感覺到幸福，就難以理解幸福的概念。幸福的概念不能獨立於眞實世界上的感知，如果完全脫離生活，概念上的幸福就只是一個虛詞，因爲無法在現實中體驗與經歷。我認爲幸福難以脫離生活本身而存在，完全脫離生活去追求幸福，其實對多數人而言根本不切實際。

生活有時就像是一張牢不可破的網，限制了完全離地思想的實踐可能。思想要發芽，最終也需要在生活中吸收到土壤，思想要傳承下去，也需要有生命力的支持。這亦解釋了爲什麼一些空想式的理念，在時代的洪流中很容易被淹沒，因爲缺乏眞實世界的土壤去承載。

每天的小樂子

每天給自己一點小樂子，是生活中持續產生幸福感的重要元素。每天晚上聽點音樂放鬆一下也不錯，或者擁有一段自由閱讀的時光。作家村上春樹最喜歡跑步，跑步就是他每天生活的幸福元素。而我最喜歡的是漫步，在不同的城市與鄉郊之中漫步，在不同的書店中漫步，即使在紛亂的世界之中，內心仍可享有難得的平靜。我也喜歡喝茶，而且會隨感覺喝不同品種的好茶，早上泡一杯茶就是我起床後的幸福元素，不喝一杯不舒暢。無論晴天雨天，總有一杯茶作爲一天的開始。細看茶葉慢慢泡開，變成了一片片的葉子，賞心悅目。茶道在日本更是一種專門的技藝，我很長時間不太明白喝一杯茶爲什麼要有那麼多的禮節。後來才理解到茶道背後的禪意是，放下、接受、淸空，不要問，只要跟著做。不要想太多，四時就是有變化，生命自有其規律。淸空內心的雜念，紛繁世事，都放在茶室之外了。有這境界，怪不得有些紛亂時代的武將，常常出生入死，居然會愛上茶道。不過話說回來，泡茶我還是喜歡隨意一點，沒那麼多繁文縟節，喝得舒心就好了。

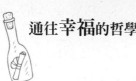

持續的小進步

無論你是在學習一門技能，修讀一個新的學位，或者在看一本新書，每天都有一點點新的累積。這是持久性幸福感的來源之一。有沒有奇怪，爲什麼那麼多不同領域的名人，在名成利就，財富這輩子已經用不完了，卻在退下一線工作後選擇到大學校園重新學習？這大多不是爲了名，也沒有利益相關，而是個人自我完善與提升，是純粹精神層面的追求。你會發現有些深有睿智的人，總是不斷的在看不同的書籍，這跟獲取學歷或資歷無直接關係，追求的是一種個人提升。當獲得知識也是樂趣來源時，你就不容易感覺到空虛與無聊，因爲你已經有充實的生活了。這種快樂，是多數人都可以做到的，只需要打開你的內心，書籍與知識不同於需要別人認證的資歷，書籍是開放給所有讀者的。只要你願意學習，就會有廣闊的天地等你來發現。

整理自己的生活接觸圈

你平常最常光顧的是那些餐廳？平日活動範圍是哪裡？最常看的書是什麼類型的？人長大後，尤其出來工作以後，私人生活的圈子往往漸漸收窄，甚至生活可能變成了只剩工作場所與家庭這兩點之間。如果你發現你的活動區域，接觸的事物不斷收窄，接觸的人也越來越少，這也許是很自然的事。因爲你已經知道自己要的是什麼，不需要經營的關係與應酬能免則免，過更簡單更適合自己的生活。但是當生活狀態漸漸壓縮，你的世界在不斷收窄的過程中，你開始感覺到有那麼的一點不妥，又說不上來是什麼問題，可能就到了要重整生活接觸圈的時候了。

整理不代表一定要擴大，而是要有機地更新與增減。比如你常去自家附近的幾間餐廳，找一天到另一間稍遠一點風評也可以的餐廳試試。如果感覺不錯，你的美食地圖就會多了一個新地方，就算同一間餐廳，也有可能推出一些新菜式，不妨一試，不好吃就下次不吃罷了，沒什麼大損失。在這種有機整理中，就會讓生活有新的事物出現，也會漸漸整理一些舊事物，比如對吃慣了的餐廳店面消失等情形，也不會感到太失落。吃飯只是一個舉例，比如到不同的區域探索，到不同的地方旅遊，到不同的書店看書，感受店內的人文環境，與有些店會提供的餐飲與服務，體驗更多事物，看更多種類的書，甚至接觸更多自己不認識甚至不理解的想法，更立體的去認知不同的觀點與形成背景，成爲一個更有內涵、深度與睿智的人。探索與封閉只是一個心態的轉變，人生就會變得更有趣味。

聚散與結緣

人生中會不斷的與他人相遇與連結，而這種連結也會因各種因緣際遇而斷裂，這是自然而然的事。父母是我們來到這世界最初的連結，但父母終有老去的一天。子女年幼時總是圍著自己轉，可是子女總有成長與獨立的一天。爲人父母者都應該高興子女能獨立，並調適自己的生活與尋找新的樂子，珍惜這寶貴的自由時光。偶然活在回憶中想念以往總是被需要的日子也很正常，不想成爲子女負累的前提是自己也活得快樂，有滋有味，無需再整天圍在已經成長的子女身邊，卻能夠繼續在合適的距離中互相關心照顧。

人與人的結緣，是一種福氣。在人生中我們會不斷與不認識的人結緣，有些人與你是萍水相逢，有人可能是相伴一生。相遇時是快樂的，是互相有益的，這就足夠了。小時候跟那些小玩伴玩，如果時間長了，分離時總有不捨，甚至十分傷心。但細心一想，相遇不是爲了當時的快樂互動嗎？這種互動有結束的時間是自然而然的事，也許不久會再見，也許後會無期，這不一定需要惋惜。人大了跟那些小玩伴即使再見面也可能變味了，重要的是當初在一起玩時很快樂這就足夠了，不要執著遇到誰都想要持久的在一起。成年以後，回想小時候的同學，小學、中學、大學，還有多少人能保持連繫？出來工作以後會認識更多的同事，子女入學後會認識同學的家長，這些連結也會不斷增多，而舊有的部分連結會轉淡轉弱，這不是自然而然的事嗎？

小孩子出生以後，腦部接觸外間事物後就會開始不停的學習，同時也會不斷的清除與整理，就好像長出來的草需要不斷的修剪作整理才能長得更好。所以一個小孩子三歲前學會的母語，如果三歲後移居另一國家學習另一種全新語言，多數長大後都會喪失最初的母語能力。考試時硬背下來的知識資料，漸漸會被遺忘，反覆用上的知識，才能牢牢的記住。人際關係也是一樣，不是人生中所有關係都要牢牢拿在手中不放，有一些會在因緣際會下越走越近，有一些也會越來越疏遠。

有時候即使是親朋好友，也不過是逢年過節小聚問候一下，然後各自過各自的生活。一個人能在生活中承載的關係是有限的，有聚有散，是思考幸福者不能逃避的課題，感知相聚時的好，人人都會，能做到好散，才能眞正在聚在一起時感到幸福，因爲在當下感受到快樂，同時在散場時不傷感，這就很好了。

休息與留白

休息是人生中極重要的元素，過量的休息有時會變成了慵懶甚而可能成了躺平狀態。但對許多身處職場中的人而言，缺乏有效休息是相當普遍的問題。休息不等於浪費了時間，不斷高強度運轉的機器就會過熱。比如手機過熱發燙後有時會自動關閉，這是一種自我保護，否則過熱後仍夾硬運轉就可能整機報廢。人生中的勞逸交替也是相似的道理，休息是爲了走更遠的路。你想做成多大的事情，賺取再多的金錢與財富，也不可能把所有的時間用來工作，否則你的人生除了工作以外不是一點色彩與味道也沒有了？

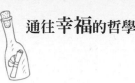

再大的事業也有交棒之時，再能幹的管理者也總有離開職位的時候。職場上只注重未來的事，一旦離職後過不多久，就完全沒有人談論你以無盡的犧牲換來的那些功績，因爲過往萬般的功績也不如下季的業績重要。你若不好好的待自己，期待誰會好好的待你？該休息的時候就休息，爲自己的生活充電，不要讓工作占據你人生的所有空間。適當的放空自己，爲自己的人生留白，有時候不被外界打擾的清空一下自己的大腦，才能更好的吸收新事物，更好的感知適應當下環境的變化。

當你需要旅行的時候，就不要以各種理由拖延；當你累得需要休息時，就不要以工作未完成阻止自己，工作是沒完沒了的。如果以一支蠟燭比喻人生，把蠟燭兩端同時點亮當然比正常只點頂端更光亮，不過一支蠟燭以這種兩頭燒的玩命的方式運作，沒多久就會燃燒殆盡玩完了。專注於當下，工作的時候工作，休息的時候休息，能達到清空及放鬆效果的休息，可以令你走得更遠，在不斷前行的人生中感知到更多的幸福。

善用等待的時光

許多人自小都被教導要珍惜時光，可是事實上很多時間是無聊地被耗掉的，我們有很多沒有善加利用的時間。比如身處座位狹窄的長途交通工具之中，身體連一點伸展都很困難，我們很多時候只會想快點到達目的地，希望時間以最快的速度過去，中間的時間往往被浪費。

但我們在各種等待中所浪費的，又豈只是花在交通上的時間？我們的生命中會自我設定不同的目的地，在到達目的地前，我們可能會陷入一段無所作爲與無所感知的狀態。比如想要獲得什麼學位與資歷，希望找到怎樣體面的工作，想要獲取多少的收入與地位才足夠。有時候這些目標根本不能達成，當目的無法達成，過程中所花的時間心力成了毫無意義的時間消耗，如果你能享受過程，那麼即使結果還是不能達成，但在這中間的時間卻是充實而且是有價值的，就不會再有白白浪費的感覺。所以到達目的地前的時光請不要浪費，可以賦予更多的價值。比如在交通工具上視情況去聽音樂娛樂自己，有書看，有娛樂，有思考，同樣的旅程，愉快感就會提升。

生命，其實一直在路上，幸福，也可以一直在路上。

感知幸福並不用苦苦的追求，而是每天的生活本身，就是能否感知幸福的關鍵。

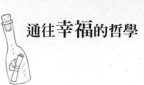

做快樂的事，就能靠近幸福？

這是對，也不完全是對。不要把快樂變成負擔，享受樂在其中，卻不要沉醉其中。比如爲了獲得快樂的刺激，不斷的旅行，需要自己不斷的在路上，否則就會感到失落。需要不斷有外部刺激的幸福感，並不穩定。有些極限登山好手，需要不斷攀爬高峰，不斷挑戰極限，往往是爲了逃避某些生活中的困擾事情或情感關係，亦可能是對現實生活過於平淡缺乏挑戰的不滿。可以感受有外在刺激的快樂，也可感受平淡生活中的快樂，才能收放自如，更能靠近幸福。

每天都能找到令自己快樂或愉悅的時間，就算是一點點的小樂子，也會很大程度提升幸福感與樂趣。請想一下你今天有沒有什麼小樂子？就算是聽了一首歌也好，看了一本書，也是小小的快樂元素。如果你找不到日常生活中的快樂元素，是時候改變一下，因爲就算你要負重前行，你也值得擁有每天屬於自己的小快樂。

喚醒幸福的感知能力

我們都了解，容易滿足的人幸福感會較易獲得。那麼只維持最低生活需要，不與人交流，自得其樂的生活，比那些苦苦追求各種目標的人更幸福？這是無法比較的，視乎人生中對意義的主觀判斷，繼而影響到個人認爲什麼路徑才能靠近幸福。

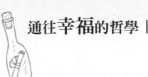

有些思考者終其一生就只爲了追尋人生的意義，其實就算給他找到一個確切的定義之後，之後還不是如一般人那樣繼續吃飯與生活？每一個人都在他成長與生活軌跡中接觸到的世界尋找其自我認定的意義，甚至認爲人生意義其實就是不知所謂何事，也是一種可能。因爲有一些人根本就是被生活推著走，每天麻木地過日子而沒有什麼想法，這也是不少人的眞實狀態。

思考人生意義最大的價值是找出自己最想做好的事，決定好人生的優先次序，不要等老後才來後悔，認爲自己一生都白過了。人生根本沒有預設的意義，有時父母會潛移默化一些期望在子女心中，不同的文化也可能會有一些默認的人生任務最好能達成，達成這些目標很多時候變成了個人的自我目標與意義。比如小時候要好好讀書，長大後要成家、教養下一代、報答父母、對社會作貢獻等等。然而這些任務不會是每一個人全都可以做得到，做不到不代表你的人生就沒有意義，因爲你的意義不應該被這些外在條件與目標所否定。許多沒有認眞尋找過意義的人，還不是好好的在生活？好死不如賴活，活著就好了，他們才不擔心被否定，不要被既定的意義限制你的人生。無論是誰告訴你某一意義，都不如你以自己的經驗經過深刻思考後找出來的，因爲只有這個意義你才會眞心誠意的去追求與實踐，才能更好的帶給你幸福感。

我們往往把已經得到的事物視爲理所當然，比如充足的食物，比如有足夠的衣服及溫暖，以及沒有遭受病痛的身體。擁有的滿足感因爲適應效應而被遺忘，直至失去了才在比較下認爲之前更爲幸福。當你要忍受饑餓、酷熱、苦寒、病痛，就會認爲如果能解除這一痛苦狀態是很幸福的事。當你在戶外活動了一段時間，又乾又渴之時喝下清涼可口的飲品，比平時喝同樣的飲品往往產生更大的愉悅。冬天的一碗熱湯，感覺就像暖入心扉。當你出現劇烈牙痛時，如果有一刻沒那麼疼，已經是很大程度的放鬆。放鬆是相對的，沒有緊張，就沒有放鬆。所以完全沒有壓力的生活，難以感到壓力張弛變化之間的愉悅，未必就是好事。所以心理學採用的神經鬆弛練習，總是需要先收緊各組不同的肌肉，才能在釋放時感到放鬆。如果你因爲遠離痛苦已感到無聊，想像一下以往或外在的一些痛苦情景，再返回當下之時可能就有不同的感受。不要因爲適應了好的生活而鈍化，而失去了自己已擁有美好事物的幸福認知。

資源與比較

金錢能否買來幸福？很多人都知道嚴重貧乏大多會產生痛苦，達到社會平均水準以上或生活達至一定的舒適程度後，更多的收入卻沒有跟快樂成絕對的正比關係，這是心理學反覆測試驗證得出的結論，這跟我們多數人的自身感覺也是一致的。而更多的攀比，正是生活條件已達一定水準，但仍感到不幸福的重要來源。比如你已擁有自己的房子，參觀朋友的新房子卻比自己的又大又好，你恭喜別人的同時，心中有小失落也很正常。明明自己的房子也不錯，本來也很滿意，卻因爲別人擁有更好的而不快樂了。比如用作代步的汽車，有可能就成了身分的象徵，沒一定級數的牌子與型號，就可能在同儕中失去面子。即使你本來毫無攀比意識，但在各人有意無意之間的話語和比較後，可能隨時啟動了心底中原始的比較系統。

比較與妒嫉幾乎是本能性的存在於人類心中，自有文明及文獻紀錄以來，無論東方西方因妒嫉而產生的歷史故事與記載多如天上繁星。甚至考古時發掘出數千年前的楔形文字泥板，也出現老婆因看到鄰居新擴建了一間大房子後，向在外經商的丈夫抱怨什麼時候自家才能擴建大房子的書信，比較似乎是一種超越時代而存在的本能。可是即使自己在比較中優於別人，卻也要面對享樂適應的影響。「享樂適應」是指因自覺滿足而產生的快感會快速隨時間下降，快樂的刺激很快就回歸平淡，除非再有各種新刺激，否則額外生活水準給你的快感會隨時間而降低。想像一下某位出身普通家庭的朋友靠打拼買下了遠超過當地平均水平且裝修漂亮的新房子，入伙後立即廣邀親友去參觀，一時讚美感嘆聲四起，然後這場在親友間爭一口大氣的劇目高潮就這樣結束了，還需要在親友間組織更多的重覆參觀嗎？就算親友再來，已經再沒有了預期落差而產生的驚嘆效果了。人家再給點美言，只是考慮將來把你家當成了免費包吃包住的民宿而已。不能給人實惠，何來持久的讚美？人生若提升上了一個新的物質水平，總會尋找新的對照組去作比較，因爲舊的對照組已無挑戰性，極端者甚至以資源高低對他人作出踐踏，以感受自己的優勢與差異的力量，現實中這種缺乏修養卻有資源支配權力者並不罕見。

部分社會性動物存在等級排序的社會特性，比如原雞、非洲公象等，如果認錯了自己在群體中的排序，比如年輕的公雞破壞了群體啄食先後的次序，輕則被教訓一頓，重則被驅離族群難以生存。但這種社會排序，應用在目前的人類社會中並沒有意義，在多數情況下我們不會因爲認錯社會地位次序而受罰。不過從個人學習的名次，到大學與企業機構的國際排名，各種排行榜仍舊吸引大眾眼球，因爲社會性比較是人類的本能。

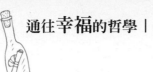

適應性的思考

人類有很強的適應力，遇上不快的事，總會有一段的時間去消化，然後仍可生活如常，這就是痛苦自適應性。如果受到更大烈度的刺激及創傷，部分人反而產生了痛苦抗體，認爲那種事都捱得過，其他事沒什麼大不了，這時候幸福感反而從谷底反彈上升。當不懼怕失敗與失落，當能更好的去處理心中那個祖先遺留下來的比較與社會排序系統，就能更好的調節自己的幸福感。

心理諮詢相關的書中，那些諮詢者當中很多人都覺得自己不算幸福，不知是否感到幸福的人就不用諮詢？雖然有時候諮詢者本身也說不上有什麼大的痛苦，比如有穩定工作、有家庭，是外人看起來很平實正常的人家。只是當他們把生活的重點放在與其他對照組的比較，譬如比較自己的伴侶與子女、與他人的各種弱項，總可以挑出各種毛病，衍生很多的抱怨，覺得悶悶不樂，這不就有點在無病呻吟嗎？過度熱衷於比較，也是人生中痛苦與不幸的重大源頭。

容易滿足與難以滿足，是兩種路徑，習慣了走高難度幸福路徑的人，雖苦亦樂，在堅定走向目標的過程能夠樂在其中。生活中要有小樂、小滿足，亦要有幸福的感知能力，才能走遠路而不疲憊。但如果把容易滿足變成了每天無所事事，什麼也不再追求，什麼事物也不想承擔，喪失了一切對更美好的追求與慾望，就可能變成了魚乾一樣，這就是矯枉過正了。積極行事，以投入而不是單純以結果爲追求幸福的人，他們的幸福感是否一定高於魚乾？這不好比較，但世界的氛圍將不再一樣，因爲生命力會完全不一樣。我認爲獲得積極型的幸福感，是更值得鼓勵的幸福路徑。當一個人既能感知現在的幸福，同時亦追求將來的幸福，在個人幸福感提升的同時，亦考慮社會性的幸福感影響，這是一種能產生共振的幸福感。

純粹快樂的世界

如果給你一個選項，當科技進化到可以把意識無機化，你可以選擇放棄現實世界，進入一個只有快樂感覺的虛擬世界，在那個世界會去除所有的負面衝擊，只有快樂的刺激，前提是你需放棄對現實的一切連繫，而無機化的過程不可逆轉，你將永遠留在虛擬世界。

我相信，多數人不會選擇這種純粹的快樂感覺，雖然從心理感覺而言可能眞的更好。只有快樂的世界，不就是接近幸福嗎？爲什麼不選擇？這是因爲稍有認知能力的人，都會有意義層面的考慮，意義本身不單純以快樂去計算，而實踐意義本身更能靠近幸福的感覺，而不是純粹的快感。

要逃離現實生活痛苦枷鎖的人可不少，極端者可能嚴重酗酒甚而服用各種迷幻性的毒物，本質上都是想逃離現實中的痛苦，以至感受到快感，卻往往把自己徹底掏空，無法回頭。多數人在忍受生活及現實的困難與痛苦時，會選擇面對挑戰繼續前行，承受這一切並不代表他們離幸福越來越遠。因爲在多數人心中都會有認知上的覺醒，越遠離現實的自我幻想或感覺，會引起後續更多的痛苦。

有時個人在現實中已無法實現其理念和想法，便自我欺騙自己在幻想世界已經有很多成就，達成了怎樣了不起的事情。可是因爲你心中最底層的意識知道你在自我欺騙，你需要不斷的壓制這種意識，這可能借助更多的外部物質或刺激，陷入負向循環。選擇純粹快樂感覺世界去逃避現實，往往會比默默堅守的人更遠離幸福。

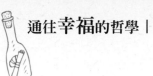

被需要的幸福感

幸福感的來源是多樣性的，不要忽視被需要的幸福感。個人能獲得大衆關注多是短暫的，但你所提供的物品或服務，如果備受家庭或社會需要，也是一種持久的幸福感來源。收入是工作的重要回饋，因爲有收入才能支援生活所需，但工作除了收入以外，被需要的成就感、與自己一起共事的同事以及與客戶的互動，也會構成社會連繫。這種被需要不一定是做什麼大事，比如經營一間小早餐店，看到客人吃得很滿足，又或者經營一間小書店，看到客人購買了自己精選的推薦好書，自己也會有被需要與認同的成就感與愉悅。良好的社會連繫會有助構建幸福的生活。

當然世事紛繁，有時候各種社會關係與連繫也會帶來痛苦，尤其被要求解決一些分外之事，又或涉及借貸利益衝突等，一些要損己才能利人的要求，應承或拒絕都會帶來痛苦，只能取捨其中，不可能有完美解決方案。長期離群索居，當然可以避開很多不必要的人際煩惱，但長期缺乏社會連繫的生活對多數人的幸福感知而言都是弊大於利。偶然旅行式的離群索居，卻有助思考重整與生活，重整自己通往幸福的步伐，有沒有走偏了，這會是一件好事。凡事不走極端，在合群與離群之間，在自然與城市之間，在熱鬧與寧靜之間，來回走動切換，找到適合自己的生活比例，就能提升到你的幸福感知。

生命力與幸福

英國哲學家羅素（Bertrand Russell）認爲動物只要不患疾病，有充足的食物，就會快樂滿足。人也許應該如此，但在多數情況下卻非這樣。羅素的觀點似乎立於資源充足的和善觀點，但隨著自然科學的進步，我們了解到動物界的生存競爭其實是異常劇烈的，而動物界的社會排序，可以是涉及生與死的競爭衝突，比如公雞的決鬥，有時眞的會至死方休。我們可以思考一下各種物種與不同人群的原始設定，這種設定包括廣泛社會性的認同目標。

一般動物的原始設定：生存，成長，競爭有限資源，爭取生殖機會盡量繁衍，死亡。

人類祖先的原始設定：生存，成長，競爭有限資源，與自然界其他物種及同類頻繁衝突以競爭有限資源，生殖，死亡。

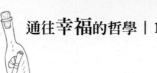

中國傳統社會的原始設定：生存，成長，建立家庭並承擔群體中的社會角色與責任，養育兒女，兒孫滿堂，百年歸老。

人類社會普遍認同的設定目標會隨時間而改變，並沒有永恆固定的單一設定。當世界在發展，基本的生存對越來越多人而言已經不是難題，物質不應是人生的唯一以及最重要的追求，而是生活的副產品。當你的生活由外在的一些攀比式追求，變成了享受有滋味的生活，才能更容易地感知幸福

個人的幸福感與生命力也有關係。比如思想能否傳承後代。有一些強烈刺激的活動與狂歡派對可以提升個人的短期快樂，卻影響到生命力下降，如果思想無法依賴可持續生生不息的群體去傳承，便很容易斷代失傳。社會與思想，是由擁有生命力的群體去傳承，而能否傳承本身，非常影響到個人的努力方向。個人所選擇努力的方向有沒有違背生命力的方向，值得大家去思考。

社會與幸福感知

如果某些人設定自己人生的意義是承先啟後、繼往開來，幸福的來源就是承擔自己的責任，這種責任亦同時包括對社會的相應承擔。此中包括了規避負的溢出效應，即避免自我獲得快樂的行爲令社會總體蒙受損失，不會以損害他者爲樂。比如深夜爲了一己暢快而高歌擾人清夢，暗藏傷害他人權益的快感。法律對某些事情有明確界線及有效執法，但在更多的事情上法律往往是模糊的或遙遠的，執法往往是高成本並且低效率，損害他人受到的負反饋往往與破壞不成比例。

當一個社會處於失序狀態，任何人都可以侵害你，你亦可以隨意侵害他人，就會成了弱肉強食的世界，生活中要處處警惕，個體無法在動盪中獨立生存，必須加入某一群體以自保，然後各種群體間互相迫害與攻擊，個人的幸福感在這種強烈焦慮不安環境下也很難建立。

每個人都會有不同的幸福感知，幸福感本身不能在不同個體之間直接比較。對個人而言，選擇不同路徑都有可能靠近幸福。但對社會整體而言，不同路徑之間的幸福溢出效果有巨大的差異。如果純粹的內在幸福，很難有正向的溢出效應。如果只求於縱慾享樂，更可能出現負的溢出效應，如果兼有修身與承擔就更易出現整體性的社會溢出效應。能令一個人得益，社會沒有損失，是一件好事。令一個人得益，社會整體也得益，是一件更好的事。幸福討論雖然多側重於個人層面，但今天居於城市之中需要依賴他人互動及提供服務才能生活的人群，遠超能離群索居自給自足的人口。對大眾而言，完全忽略社會層面只講求自身安好，其實並不切合多數人的實際情況。生活在個體成員普遍都有良好責任與規範的社會，對大眾而言更易能感知幸福。

如果你生活的社會環境比較穩定，比如身處像老子所提出的雞犬相聞，老死不相往來的社會狀態，你可以在這種環境下安然生活自得其樂。這選擇本身對社會無傷害、對個人有自在的得益，這種選擇也應該被尊重，這是一種個人的選擇。爲什麼陶淵明的〈桃花源記〉千百年來受人喜愛？因爲喜歡甚至羨慕桃花源這種隱世小社區式的簡單生活者大有人在。不是每一個人都必須活躍於各種社會事務，如果你從積極參與社會事務中獲得幸福感，這是應該被尊重的選擇，但切記避免爲一己快感在社會意識下對其他群體有傷害性、壓迫性行爲，欺凌弱小這是懦夫的行爲，就絕不應該被尊重。傷害者不一定是使用暴力，更多時候見於心理層面，各種以資源財富去踐踏他人尊嚴與人格的也是一種看不見的暴力。擁有哲學修行的幸福追求者，應該有最基本的責任不去爲虎作倀。歷史告訴我們不要期待每一個人都是善意待人，但若社會中每一個人在個體追求幸福的同時，考慮行爲的社會傷害性，那麼整個社會氛圍將會不一樣，會有更多人在日常生活中能感知幸福。

尊重別人的不同選擇，而不是要求所有人按你的設想去運行，可以減少很多不必要的煩惱。羅素認爲在理性的道德中，只要不給自己及別人來帶來痛苦，任何人給自己帶來的快樂都應予贊許。不要假設身邊的人都能按你所想的狀態去做事，自己也不要當好人的奴隸，沒有人能令所有人滿意，善良與被利用、愚弄只差一線。你若不照顧自己，還指望誰去照顧你？所以說顧己及人，是有先後的分別，但損人利己的行為就不應該被嘉許了。

忘記幸福的執著

忘記幸福的執著，才能更容易靠近幸福，人生本來就會有各種酸甜苦辣，不可能一天到晚沉浸於幸福的感覺之中。總體而言過得愉快，不知不覺時間就流走了，你還是覺得生活總體而言充滿趣味，這不就已經身處幸福之中了？要求事事順境的幸福其實是非常脆弱的狀態，因為你隨時都可能陷入不幸之中。但擁有幸福哲學的人，就可以在身處各種情境下，保持感知幸福的能力。就算身處困境，也可以保存幸福的種子，甚至可以把種子交予下一代的人，等待合適的時機再次開花。

很少人了解到遺忘也是一個功能，為什麼長大後有一些記憶不見了？你還記得小時候每一天都吃了什麼菜嗎？除非你每天的菜都是差不多一樣，否則肯定記不起了。因爲這些資訊對今天已經無用，大腦已經自行清空了，讓大腦資源集中在重要的事物之上。你有沒有試過剛步出考試場地不久，回想剛剛自己怎樣答題都已經不太記得了，這其實是正常不過的事情。人生需要集中更大的精力去處理眼前的事務，要找對重點，而不是困於往日的點滴細節，卻沒有把精力放在處理當下應該做的事。

卽使自己犯錯了，學會吸取經驗，避免下次再犯才是重點，而不是過度的自我懲罰與自責。如果你被往昔的記憶所困，就有可能因過去某一件發生的事而執著不放，怨恨的可能是別人，也可能是自己，然後就把今天也毀掉。放過別人，很多時候是爲了放過自己，執著於某人的某句話、過去的一些錯誤，繼而糾纏不放，如此怎能把錯誤與痛苦翻篇？怎能展開人生新的一頁？但也不是任何事情都應該忘記，若縱容犯罪與傷害的意識形態擴張而視若無睹，則歷史上各種人爲災難與悲劇就會一而再，再而三的發生。抓住某些最重大的問題與錯誤去牢牢記住，目的是最大程度預防將來會再次重覆以往的悲劇，守護社會與後世的幸福。而對於更多日常生活上的事情，進行忘記與原諒，無論對象是自己或他人，其實都是與內在的自己和解，有時候是一種大智慧。

幸福是一種追求，不是一種達到了就完成的狀態，即使你現在過得很順心，但只要人生繼續一步一步的走下去，總會遇上各種不如意的事情，沒有人可以逃避，但我們都能在態度上作出選擇。有人在風光明媚的日子因爲擔憂眼前的美景不是永恆而感到黑暗。有人在烏雲密布的日子，卻看到痛苦不可能是永恆的而看到盼望的光芒。這就是選擇的差異，而這種差異，會很大程度影響你的生活形態。懂得如何去取捨與選擇，這就是哲學思想的力量。同樣的生活境況，人生面貌的轉變，在於你的一念之間。讀者朋友，你會怎樣選擇？如果哲學思想擁有力量，吸收了力量後知與行的變化，就是最終力量的體現。這種力量，就是千百年來哲學思考者留下的思想漂流瓶中珍藏的寶藏了。

後記

創作一部作品本身就是一件幸福的事，想像一下多少年後仍有讀者看到我的作品後會有個會心的微笑，這是多麼美好的情景，這就是我創作的最大動力來源。

關於幸福的思考，不同的哲學家在這題目上有各種主張和生活建議。有一些建議你應該這樣那樣做就可以幸福，細心一想那些建議都能做足的話你應該是位非凡的超人了。所以很多時候書是看了，智慧在腦海中一閃而過，然後生活仍是依舊如常。沒有感受過實際生活經歷中的痛苦與辛酸，很難立體的理解「幸福」這一題目，人云亦云或單純濃縮別人的思想就沒有什麼意思了，那些主張是否適用，人生有那麼多限制，怎樣處理，思想不能實踐就會缺乏應有的力量，只能成爲空想。

這一本書是我構想了很多年的主題，生活中遇上太多困難，面對壓力與痛苦，思考幸福的哲學既是助人也是助己。但是構想很容易，動筆很難，沒有足夠累積之前，這題目一直在沉澱，很長時間半個字也寫不出來。然而生活遇上了各種浮沉與衝擊後，漸漸的又形成了一些新的想法，結合我以往創作的部分篇章，形成新的效果。

創作是很奇怪的體驗，某些內容只在某一時刻靈感湧現時能寫出來，相信有創作經驗的朋友都會有同感。也許是深夜時分，又或早上晨光初現後不久，腦海中忽然鑽出了新的想法，醒來後立馬記錄下來。太太看到我寫作時滿案頭的哲學書、時不時寫在紙上的筆記，就知道我又在寫什麼主題了。太太是一位對物質沒有過度要求的人，她心底知道我認定要做的事就會去做，總是容許我自由探索，很感謝一直以來她爲我所付出的一切。

由於本書涉及的歷史、文化跨度極大，寫作時我需要參考各種文獻與書籍，先了解不同的觀點，再抽出核心思想觀點以最貼近原本的狀態呈現給讀者。比如想要了解印度哲學相關部分，我要先去了解古印度史，才知道古印度史因缺乏連續性文獻是個歷史的黑洞，因而還需要參考不同的古代梵文專家學者研究與推理的觀點。有時文獻也會有矛盾與衝突，學術界中亦會有爭論，需要盡力求眞。下一步更重要的工作，是要把不同的想法去蕪存菁，找出其核心思想，把各種想法以讀者最能吸收理解的方式呈現。有無數的寫作方式可以把幸福題目無限延伸及複雜化，但其實各大思想家的核心想法就是那些如此簡單的理念，沒有必要以複雜的沙土掩蓋可被大衆發現的光芒與價值。其實很多哲學原著都非常艱澀，令多數人敬而遠之。這就好像一個無法打開的漂流瓶，必須要有人先去鬆開塞子，才能讓更多人能看到裡面的寶藏。能爲讀者接引各種思想，就是本書的重點價值。

我成長於一個被外界稱爲文化沙漠的城市，多數人量度他人成就的標準就是財富與金錢、房子與地位。這是一個非常缺乏哲學土壤的地方。我小時候生活在名爲旺角的區域，這是一個世上罕見，能在方圓一公里範圍內買到全球各式各樣產品的地方，也是一個商品氾濫、消費掛帥的地方。但是旺角同時卻有數量甚多的獨立小書店，也是我小時候很愛去尋寶的地方，沙漠中也是有綠洲的。然而自己最喜歡的活動是假期跑去郊外或離島，不爲別的，看看大自然的樹木蟲鳥，看看大海就很快樂。

我成長時代受父母的照顧與保護，一直不用擔心外部的沖擊，對父母在成長中的各種照顧心存感激。老爸形容當時的我是溫室的植物，其實所言不差。我讀了十多年的學校，位於旺角這鬧市旁邊的何文田山腳下，是一個寧靜學習的好地方，那裡出了許多知名的世界級數學家與科學家，卻沒有什麼人教過我什麼是哲學。上大學前老爸告訴我工作有變，家中沒有什麼錢了，我便積極的去找兼職，大學裡消費也不高，物質不用太多也很快樂。大學時住過的宿舍也是在山邊，那是個可以眺望吐露港的地方，我最喜愛的事是早上看看山邊那些翠綠的樹木，呼吸一下那帶翠綠氣味的清新空氣，用熱水泡一杯茶，然後桌子上有書可看，盼望著把努力兼職的收入用在下一次的出遊體驗，每天都有新的知識與進步，那是一段很愜意的時光，如果以幸福感知的角度，雖然物質上並不算富裕卻是足夠了，那時的我是愉快與滿足的。

出來工作以後，開始承受各種壓力與挑戰，即使被侮辱，還是撐了下去，能忍受能背負的東西越來越多，擔子也越來越重。再轉型至新的事業跑道，成家立室，各種支出也接踵而來，一肩挑起沒問題。可是世界總不是順風順水，包括各種的挫敗失誤，高低起跌，不受自己控制的環境變化。在某些時候，我承受的壓力到了臨界值，夜不能安睡，卻不大可能找到後援，必須自己處理。箇中痛苦，難以言喻，便往哲學中尋找改善自己狀態之法，找到很多不同的自救路徑，看後總像茅塞頓開，用起來卻有心無力，所以我陷入了一定的苦思。

思考資源與需要的問題時，細心回想一下自己身處的眞實世界，什麼情況下資源多少並不重要？自然是你自己不需要用在自身太多資源就能生活的時候。富裕家庭的孩子在成長時期口袋中眞的可以完全沒有錢，因爲出入家門都有工人與司機跟著，他們從不用自己掏錢，事事早已被父母埋單，一切物質需要無所欠缺，只剩下精神層面的自我超越與追求，那麼淡泊過生活可以是人生中的一個選擇。試想像另一位每月被各種帳單追趕的貧困戶，淡泊成了唯一的選擇，能做到君子固窮已經很不易了。

為什麼千百年來哲學家們指出通往幸福之路會有那麼多不同的路徑，因為有些路徑在某些時代某些人群中沒有條件去實踐，但是還有其他方式也可以去靠近幸福。對多數人而言，能夠內在與外在同時獲得幸福感，很自然的比單純依賴內在容易實踐。但單純依賴外在刺激的幸福感，卻往往不穩與短暫，所以內在的幸福感知能力與修養，是獲得持久性愉悅與幸福的基礎。

歷史上許多哲學家都是離群索居，甚至是孤家寡人獨自生活的也不在少數。每天生活中很少被外力衝擊，才能更好地保存自我，可以自由地思想與生活。相對而言，需要背負沉重家庭責任的思考者其實不多，也許身處這種環境早已成了生活的奴隸，又或者已經選擇隨遇而安接受了這一切，自然想不出有什麼好說的了。

對大眾而言，在人與人之間的生活中，眞實的人生會遇上的限制與衝擊可多了，你不能單純考慮自己的感受與內心想法，更多時候很多事情的決策與變化是不由自己的，所以我的思考中有更多是在限制性下如何靠近幸福的討論。我們不能忽視人性中的本性及各種限制性的存在，如果你認為必須要成為你理想中的那個人，卻找不到合適你當下狀態的實際路徑去走，那你可能在通往幸福的路上寸步難行。

生活的環境需要我非常客觀地了解真實的世界，因為除了哲學外，我的另一興趣是財經與金融方向。也許很難把充滿利益計算的金融世界與哲學世界連結，但如果你追求的是眞理，而眞理存在於金融世界，眞理也存在於哲學世界，發掘其中的道理其實也是異曲同工，而且我也需要一定的物質基礎去獲得一點自由支配的時間。然而在參與金融交易的得失之間，無論是賺了還是虧了，我並沒有直接因此走近幸福。

在金融的世界，個人總是需要面對不受自己可控制的波動，面對錯誤，面對得失，面對痛苦，這令這些年來我的內心受到的沖擊比其他人多而深刻。最大的收獲，反而不是金錢本身，而是更了解人性與痛苦的來源。學會了解環境影響的重要性，這樣才能更好的應用理念到我們身處的眞實生活之中。這亦是爲什麼我在思考以往哲學家的幸福理念時，亦會同時了解他們的時代背景，你會認識到很多想法不是無中生有的，你也可以更好的了解這種想法是否適合你的現實狀態，可否爲自己所用。

哲學家齊克果曾形容哲學家們用思想構建了巨大的宮殿，自己的眞實人生卻往往只是蝸居在極致的陋室之中。這是多麼客觀眞實的描述，如果大家了解一下各大哲學家的眞實人生，多是荊棘滿途，生活得美滿的沒多少。如果我一直是順風順水，我根本不可能有足夠的體驗與經歷去寫這個幸福的題目。但我信相，無論自身的處境如何，多數哲學思考者都會因爲別人能受自己的思想影響過上更好的日子而感到快樂無比，因爲這很可能是他們人生最大的追求與意義所在。在時間的長河中，一位又一位的哲學思考者投放了載有他們智慧結晶的漂流瓶，看看哪個時代的哪位有緣人能開啟其中的寶藏，你不就是那一位有緣人嗎？

想問一下，你在生活中能感知到幸福嗎？如果每天生活中已經有幸福的感知，過著有所期盼的愉快生活，日常生活應該已是樂在其中，了解更多哲學思想與否對你精神生活狀態的影響可能有限，最多只是錦上添花，降低一下不必要的永恆焦慮與無明煩惱就可以了。那些已經身處幸福路上的人，根本就不用花氣力去苦苦追尋，因爲已經身在其中。

讀者朋友，我明瞭最想深入了解幸福的人往往是因爲需要處理生活中各種困難。就算你一直順風順水，人生中總是有遇上困難的時期，有時候日復一日不明所以的生活，眞的感到很疲累。有一些人可能已經失去了對生活的盼望，成了行屍走肉。如果你當下覺得很累，很困惑，很迷茫，甚至很痛苦，這其實是古今無數人都會遇到的事。我知道，有時候人生的日子並不好過，但多數情況下生活狀態並沒有你心中認定的那麼差，只是你失去了感知幸福的能力。請放下你的重擔，逐一去檢視那些背負，只保留你能支撐下去的東西，重建你感知幸福的能力，繼續走下去，不是爲了那個遙不可及的終點或目標，而是爲了靠近幸福。你是爲了自己而走下去，這個自己不指是自我，還包括我認爲重要的一切事物。

這本書的主體不是我，也不是指出各種通往幸福路徑與方向的一眾哲學思想家，而是你！就是那位在尋找幸福的你。那個打開寶藏的人是你，那些思想的寶藏也是屬於你的，沒有人能搶走。身處順境事事稱心如意的讀者朋友，請打開你心中感知幸福的能力，接受那些不如意的小事情，待人待己寬容一些。卽使身處困難境地的讀者朋友，也請不要忘記了自己擁有靠近幸福的權利！

通往幸福的哲學就好像在岩石裂縫中仍能開出的花朵，就算已經身處十分困難的境地，只要找到生存的空間與土壤，這花朵就可以繼續綻放，而且可以一代又一代的綻放。古今中外的哲學家明明處於不同的時空，卻有許多思想的共通點，思想似乎能超越一切的語言與地域限制。如果這世界有更多的思考者，願意理性的去了解身處的世界，了解不同意識形態的存在背景，以理性的思考與討論成爲溝通的共同接點，求同存異，而不是處於絕對的對立之中，也許能減少很多不必要的衝突與不幸，這不也是在靠近幸福嗎？只要你願意，你也可以成爲一位幸福哲學的實踐者，讓自己以至整體社會也一起靠近幸福！

作者簡介

漫步黃

漫步黃／
一名漫步思考者，
喜歡漫步，喜歡思考。
喜歡熱鬧，也喜歡獨處。
喜愛好茶，喜愛美食，喜愛旅遊，
興趣廣泛，自得其樂。

Email:
flaneurwong@gmail.com

作者個人網址 Website:
www.flwong.com

國家圖書館出版品預行編目資料

通往幸福的哲學／漫步黃著. --初版.--臺中市：白象文化事業有限公司，2023.02
面；　公分
ISBN 978-626-7253-11-3（精裝）

1.CST: 幸福 2.CST: 人生哲學
176.51　　111020234

通往幸福的哲學

作　　者　漫步黃
校　　對　漫步黃
發 行 人　張輝潭
出版發行　白象文化事業有限公司
412台中市大里區科技路1號8樓之2（台中軟體園區）
出版專線：（04）2496-5995　傳真：（04）2496-9901
401台中市東區和平街228巷44號（經銷部）
購書專線：（04）2220-8589　傳真：（04）2220-8505
專案主編　李婕
出版編印　林榮威、陳逸儒、黃麗穎、水邊、陳媁婷、李婕
設計創意　張禮南、何佳諠
經紀企劃　張輝潭、徐錦淳、廖書湘
經銷推廣　李莉吟、莊博亞、劉育姍、林政泓
行銷宣傳　黃姿虹、沈若瑜
營運管理　林金郎、曾千熏
印　　刷　基盛印刷工場
初版一刷　2023 年 2 月
定　　價　320 元